AF462296

CATALOGUE

Coll. Geoffroy

D'UNE BELLE COLLECTION

D'ESTAMPES ET DESSINS

RELATIFS A LA RÉVOLUTION FRANÇAISE

Pièces sur les Mœurs, Costumes et Caricatures

PORTRAITS ET PIÈCES HISTORIQUES

SUR

MARIE-ANTOINETTE ET LOUIS XVI

LES JOURNAUX

LA CARICATURE ET LE CHARIVARI

Dont la vente aux enchères publiques aura lieu

HOTEL DES COMMISSAIRES-PRISEURS, RUE DROUOT, N° 9

SALLE N° 4

Les Mardi 31 Janvier, Mercredi 1er et Jeudi 2 Février 1882

A UNE HEURE ET DEMIE PRÉCISE

Par le ministère de Me **MAURICE DELESTRE**, Commissaire-Priseur,
27, rue Drouot, 27.

Assisté de M. **CLEMENT**, Marchand d'Estampes de la Bibliothèque Nationale,
rue des Saints-Pères, 3.

PARIS — 1882

CONDITIONS DE LA VENTE

Elle sera faite au comptant.

Les adjudicataires payeront *cinq pour cent* en sus des enchères.

Les attributions de l'amateur pour les dessins ont été conservées.

ORDRE DES VACATIONS

Mardi	**31 Janvier.**	— Numéros	....	87 à 330
Mercredi	**1er Février.**	— —	....	331 à 576
Jeudi	**2 —**	— —	....	577 à la fin.
—	— —	— Dessins	....	1 à 86

Paris. — Imprimerie Pillet et Dumoulin, 5, rue des Grands-Augustins.

DÉSIGNATION

DESSINS

ANONYMES

1 — Le Débiteur à la mode, composition de six figures.

Beau dessin à la plume. En haut, au bas de l'entrée d'un monument, on lit : *Fait en l'an III, par Ph.*

2 — Citoyens jurant serment et fidélité à la République ; au milieu du sujet, la noblesse et le clergé enchaînés.

Aquarelle.

3 — Serment de Louis XVI, allégorie.

A la sépia et encre de Chine.

4 — Un citoyen debout, le sabre au côté et la bêche sur l'épaule.

Aux crayons noir et blanc.

5 — Latude dans sa prison.

Aquarelle.

6 — Le Retour du marché. — Un jeune prisonnier que l'on dépouille de ses habits.

Deux dessins à la plume.

7 — Étude pour une charge de cavalerie.

A la mine de plomb.

8 — Deux gardes nationaux représentés en pied sur une même feuille.

Aquarelle.

ANONYMES

9 — Monuments en ruines, sur les bords d'une rivière.

Beau dessin à la sépia, rehaussé de blanc.

10 — Vue de la place de l'Éléphant, à Paris.

Aquarelle.

11 — Projet de réunion du Louvre et des Tuileries.

A la plume.

12 — Vue du château de Chambord.

A la mine de plomb.

13 — Vue du château de Blois.

Joli dessin au lavis d'encre de Chine.

14 — Vue de Nogent-sur-Seine.

Au lavis d'encre de Chine.

15 — Vue du Corps législatif, et fontaines de Paris.

Quatre dessins à la plume et crayon noir.

BEDOS

16 — Le lieutenant-général Foy, représenté en buste, dans un entourage ornementé, composé des inscriptions de ses principaux actes.

A la plume.

BELANGER

17 — Vue perspective du grand Théâtre des arts, projeté à Paris, place du Carrousel, en face des Tuileries, par Belanger, architecte.

Beau dessin à la plume et lavis de bistre, rehaussé de blanc. A été gravé.

BERNARD

18 — *Louis Seize*, Roi de France et de Navarre. — *Marie-Antoinette* d'Autriche.

Deux beaux portraits, dessinés à la plume et lavis d'encre de Chine, signés et datés de 1782. Ont été gravés.

19 — Portrait de *Mirabeau*, représenté en buste dans un médaillon ovale avec entourage ornementé.

Beau dessin à la plume et lavis d'encre de Chine, signé et daté 1791.

BERNARD

20 — Portrait d'une jeune fille en buste, avec coiffure à panaches. Dessin à main levée, l'an 1779 ; par Bernard, maître d'écriture...

A la plume et crayon noir.

21 — Portrait d'une jeune femme en buste, coiffée en cheveux, in-fol.

Beau dessin à la plume. Bernard fecit 1781.

22 — Portraits de deux jeunes femmes, représentées en buste dans deux médaillons ovales, faisant pendants.

A la plume et lavis, signés et datés de 1783.

BIBIENA

23 — Baptême d'un jeune prince dans un riche palais ; la scène est animée d'un grand nombre de figures.

Beau dessin à la plume et lavis d'encre de Chine.

BOREL (A.)

24 — Le terrorisme proclame l'Etre suprême et l'immortalité de l'âme, allégorie.

Aquarelle.

BOSIO

25 — Les Patineurs.

A la plume et lavis de bistre.

BOUCHARDON

26 — Jeton extraordinaire des guerres, 1723, dessin de forme ronde.

A la sanguine, rehaussé de blanc.

27 — Un mascaron.

A la sanguine, dans un médaillon. Signé.

CICERI

28 — Fête donnée aux Champs-Elysées, à l'occasion des victoires du duc d'Angoulême en Espagne, 1823.

Beau dessin à l'aquarelle, signé et daté de 1823.

COCHIN (C. N.)

29 — Un homme debout. Étude pour une de ses compositions.

Beau dessin à la sanguine.

COLIBERT

30 — Une Reine assise sur son trône, entourée d'amours.

Beau dessin au lavis de sépia, rehaussé de blanc.

DARJOU

31 — Un Hussard à cheval.

Aquarelle. Signée.

DAVID (École de)

32 — Etudes de têtes.

Quinze croquis au crayon noir, montés sur trois feuilles.

DECAMPS ?

33 — Un Incroyable.

Aquarelle portant le monogramme de Decamps.

DE LA TOUR

34 — Portrait de Pierre Joseph *Desault*, chirurgien en chef de l'Hôtel-Dieu, à Paris.

Beau pastel. Hauteur : 0.58 cent., largeur : 0.48 cent. Encadré.

DESRAIS (C. L.)

35 — L'Empereur Napoléon, à la tête de ses troupes victorieuses, en traversant la plaine de Rosback, le 18 octobre 1806, trouve sur son passage la colonne injurieuse aux Français, que le Roi de Prusse y avait fait élever pour éterniser sa gloire pendant la guerre de Sept-Ans, il donne ordre de l'abattre sur-le-champ et de la transporter à Paris.

Beau dessin à la plume et lavis de bistre.

36 — Le Dîner du Gargantua moderne, caricature.

Beau dessin à la plume et lavis de bistre, rehaussé de blanc. A été gravé.

DESRAIS (C. L.)

37 — Les vieux dictons mis en action, quatorze compositions sur une même feuille.

A la plume et lavis d'encre de Chine.

38 — Arlequin, Pierrot et Polichinelle, représentés montés sur des ânes.

A la plume et lavis de bistre. A été gravé.

39 — Sous une tonnelle, deux jeunes femmes et un militaire à table, boivent et mangent des fruits.

A la plume et lavis de bistre, rehaussé de blanc.

40 — Un bal champêtre, vers la droite, assis sur le fût d'un canon, un vieillard joue du violon.

A la plume.

41 — *Marie-Louise*, impératrice des Français, représentée à mi-corps, en grand costume de cour.

A la plume et lavis de bistre, rehaussé de blanc.

42 — Jeune femme assise, coiffée d'un chapeau garni de plumes et de rubans, jouant de la mandoline.

Joli dessin de forme ovale, au lavis de bistre, rehaussé de blanc.

DROLLING

43 — Un Concert.

Charmant croquis avec quatre figures, au crayon noir.

DROUAIS (François-Hubert)

44 — Portrait de *Zamore*, nègre de Mme la comtesse du Barry.

Curieux dessin à la sanguine. A figuré à l'Exposition des portraits historiques au Trocadéro, en 1878, sous le no 755. Encadré.

DUTAILLY

45 — Il est doux, il est glorieux de mourir pour la patrie. (Mort du général Marceau).

Aux crayons noir et blanc.

ÉCOLE FRANÇAISE DU XVIIe SIÈCLE

46 — Entrée d'une procession d'ordres religieux, avec escorte de troupes, dans un riche monument.

A la plume et lavis d'encre de Chine.

47 — Entrée du roi Louis XIV, à Paris, composition animée d'un grand nombre de figures.

Au lavis d'encre de Chine.

48 — Un Rendez-vous de chasse ; vers la droite, le Roi Louis XIV, assis à table, avec les seigneurs de la cour.

Beau dessin au crayon noir et lavis d'encre de Chine.

ÉCOLE FRANÇAISE DU XVIIIe SIÈCLE

49 — LOUIS XVI SUR LA ROUTE DE PARIS, 6 OCTOBRE 1789. Le roi et sa famille, dans leur carrosse, reçoivent un placet que leur présentent le clergé et la noblesse. Composition d'un grand nombre de figures.

Superbe dessin au lavis d'aquarelle. Encadré.

50 — Le roi Louis XVI, arrivant de Varennes à Paris.

Dessin en largeur, au crayon noir et lavis d'encre de Chine.

51 — Une grande allée du parc de Versailles.

Beau dessin au crayon noir, rehaussé de blanc.

52 — Entrée du jardin des Tuileries, du côté de la place de la Concorde; sur le devant, un grand nombre de figures.

Beau dessin à l'aquarelle ; il est accompagné de la gravure.

53 — La Petite Provence au jardin des Tuileries ; sur le devant, un grand nombre de figures.

Aquarelle. Fait pendant au numéro précédent.

54 — Fleuron pour un livre sur les charrois militaires de la République française, l'an II.

A la plume.

55 — Deux Femmes assises de chaque côté d'un écusson.

Au lavis d'encre de Chine.

56 — Deux Renommées soutiennent les armes royales sur le fronton d'un monument.

Beau dessin au lavis d'encre de Chine.

ÉCOLE FRANÇAISE DU XVIIIe SIÈCLE

57 — Portrait de Charlotte Corday, représentée en buste, avec un bonnet sur la tête.

Beau dessin à la sanguine.

FRAGONARD (H.)

58 — Vue intérieure de la Bastille, animée de figures.

Beau dessin au lavis d'encre de Chine et crayon noir. Collection Walferdin.

59 — La Cour de la Bastille en 1788, composition animée d'un grand nombre de figures.

Au crayon noir et lavis d'encre de Chine. Collection Walferdin.

G.

60 — Le Délassement des Politiques.

Au crayon noir. A été gravé dans *les Caricatures parisiennes*, publiées chez Martinet

GERMAIN

61 — Prise de la Bastille par les bourgeois de Paris et les gardes françaises, le 14 juillet 1789.

A la plume et lavis d'encre de Chine.

GIRARDET

62 — Massacres dans le fort Saint-Jean, à Marseille, le 17 prairial, an III de la République.

Beau dessin au lavis d'encre de Chine. A été gravé par Berthault, pour *les Tableaux de la Révolution*.

63 — Fouquier-Thinville jugé par le tribunal révolutionnaire, le 12 floréal, an III de la République.

Beau dessin au crayon noir et lavis d'encre de Chine, rehaussé de blanc. A été gravé par Berthault, pour *les Tableaux de la Révolution*.

HENNEQUIN (Ph.-Aug.)

64 — L'Empereur Napoléon Ier mettant la couronne impériale sur la tête de l'Impératrice Joséphine, dans l'église Notre-Dame de Paris.

Beau dessin à la plume et lavis de bistre, rehaussé de blanc. Signé.

LE JEUNE

65 — Louis XVI, à l'Assemblée nationale, accepte solennellement la Constitution, le 14 septembre 1791.

Beau dessin au lavis d'encre de Chine, rehaussé de blanc. A été gravé par David. Voir le numéro 259.

MALLET

66 — La Lecture, — La Leçon de musique. Deux dessins faisant pendant, composés de chacun trois figures, dans des intérieurs du XVIIIe siècle.

Au crayon noir.

MOLL (Balthasar)

67 — Un arc de triomphe, décoré de figures allégoriques et de trophées.

Beau dessin au lavis d'encre de Chine.

MULLER

68 — Scène de l'appel des Girondins, deux études d'hommes, dont un assis, représentant André Chenier.

Au crayon noir.

NATTIER

69 — Etude pour un portrait de femme assise.

Beau dessin aux crayons noir et blanc.

PARROCEL (J.)

70 — Entrée d'un camp ; vers la gauche, des prisonniers au supplice.

A la plume et lavis d'encre de Chine.

PRADELLE

71 — Le Mari-Collin-Maillard.

Au crayon noir. Composition gravée avec beaucoup de changements, et publiée chez Martinet.

RAMBERG

72 — L'Impromptu, — Sorcières regardant un aigle qui enlève un enfant.

Deux dessins (caricatures), à la plume.

ROWLANDSON

73 — La Chasse au rat, — La Chasse dans Bartolomew-Lane.

Deux dessins à l'aquarelle.

SAINT-AUBIN (Aug. de)

74 — La reine Marie-Antoinette, tenant par la main Monseigneur le Dauphin, est suivie des dames et seigneurs de la cour. — Croquis avec dix personnages debout.

Deux dessins au crayon noir.

SAINT-AUBIN (Aug. de)?

75 — Jeune Femme à la promenade, conduite par deux jeunes garçons, dont un lui tient son parasol.

A la plume et lavis de bistre.

SILVESTRE (Israel)

76 — Ruines du Colisée et la voie à Rome, — Porte Saint-George à Nancy.

Deux dessins à la plume.

TAUNAY

77 — Vue de l'intérieur des Halles au XVIIIe siècle.

Superbe dessin au lavis d'encre de Chine.

TRINQUESSE

78 — Jeune Femme debout, tenant un éventail à la main.

A la sanguine.

TURBEN

79 — Calendrier perpétuel, par Turben, écrivain juré expert, pour les années 1780 à 1835.

Beau dessin à la plume, dans une bordure ornementée.

VERNET (Carle)

80 — Les Incroyables, composition de deux figures.

Beau dessin au lavis d'encre de Chine. A été gravé par Darcis.

81 — Croquis militaires et figures de la République, pour ornementation d'un modèle de congé militaire.

A la plume et crayon noir.

VERNET (J.)

82 — Trois dessins. Etudes pour les ports de France ; sur l'un, on lit en bas : *Peint par Vernet à Marseille, en* 1754.

A la sanguine. Seront vendus séparément.

83 — Une Marine ; sur le devant, des ruines antiques.

Au lavis de sépia et d'encre de Chine.

WATTEAU (L.)

84 — Costume d'un Jeune homme tenant son chapeau et sa canne à la main.

Joli dessin au lavis d'encre de Chine et de bistre.

85 — Jeune femme debout, en costume Louis XVI.

A la mine de plomb.

86 — Un Danseur.

Étude au crayon noir.

PORTRAITS

ALIX (P. M.)

87 — *Barra* (Joseph), en buste, dans un médaillon posé sur un bas-relief, où est représentée la scène de son assassinat par les rebelles Vendéens, d'après Garneray. Petit in-fol. en couleur.

Très belle épreuve.

88 — *Viala* (Joseph-Agricol), en buste, tenant une hache sur son épaule, dans un médaillon posé sur un bas-relief, où il est représenté coupant le câble du navire, d'après Sablet, Petit in-fol. en couleur.

Très belle épreuve, fait pendant au numéro précédent.

ALIX (P. M.)

89 — *Berthier* (le général), d'après Le Gros. In-fol. en couleur.

Très belle épreuve.

90 — *Buonaparte* (le général), d'après Appiani. In-fol. en couleur.

Superbe épreuve.

91 — *Custine* (Adam-Philippe), général en chef de l'armée du Rhin. In-4 en couleur.

Superbe épreuve, marge. Rare.

92 — *Corday* (Charlotte), représentée en buste, la tête couverte d'un bonnet. In-fol. en couleur.

Superbe épreuve avant toutes lettres et avec marge. Très rare.

93 — *Michel Lepelletier*, d'après Garneray. In-fol. en couleur.

Très belle épreuve avant la lettre.

94 — *Malesherbes* (Lamoignon de). In-fol. en couleur.

Superbe épreuve.

95 — *Marat* (Jean-Paul). In-fol. en couleur.

Superbe épreuve avant toutes lettres. Marge.

ANONYMES

96 — *Bailli*, maire de Paris, — *La Fayette* (le marquis), général de la milice parisienne. Deux portraits in-4, faisant pendant, gravés à la manière noire.

Belles épreuves.

97 — *Cagliostro* (Seraphinia Felichiani, comtesse de). In-4 sans noms d'artistes.

Belle épreuve. Marge.

98 — *Charette* (le général de), en buste, dans un médaillon ovale, coiffé d'un chapeau; en bas, comme armoiries, une charrette. In-fol.

Très belle épreuve avant toute lettre.

99 — Le même portrait.

Superbe épreuve du 2e état, le chapeau remplacé par un foulard noué sur la tête, le bras en écharpe, avant toute lettre.

ANONYMES

100 — *Corday* (Charlotte), dans un médaillon rond ; en haut, le nom du personnage, et en bas ces mots : Dessiné d'après nature. Au-dessous, la scène de l'assassinat dans un médaillon, au-dessous duquel on lit : Code pénal. In-8 en couleur.

Très belle épreuve avec marge. Rare.

101 — *Corday* (Charlotte). In-8, en buste, avec un bonnet, au-dessous, deux croquis dont un la représente poignardant Marat.

Très belle épreuve avant toutes lettres.

102 — *Lafayette* (Le marquis de) commandant général de la garde nationale de Paris, in-8, en bistre.

Belle épreuve.

103 — S. S. Léon XII, représenté en buste, de face, in-8, en couleur.

Belle épreuve.

104 — *Lepelletier* (Michel) représenté en pied, assis sur une chaise, de chaque côté un arbre de liberté, in-fol. en couleur.

Pièce très curieuse et rare.

105 — *Le Pelletier* (Louis-Michel), député de Paris à l'assemblée nationale, in-4.

Belle épreuve.

106 — *Mirabeau* (H. Riquetti, comte de), en buste dans un médaillon entouré de fleurs, surmonté d'une urne, en bas une allégorie sur la séance Royale du 23 juin 1789, in-8, en couleur.

Très belle épreuve. Rare.

107 — *Mirabeau* (H. G. comte de), en buste dans un médaillon posé sur un cartouche où sont inscrits les noms et qualités du personnage, in-8, en couleur.

Très belle épreuve.

108 — Portrait d'homme en buste, vu de face, dans un médaillon avec ornements. In-8, en couleur.

Belle épreuve.

AUDOUIN (P.)

109 — Bonaparte, premier consul de la République française d'après Bouillon, en bas dans un cartouche est représentée la bataille de Marengo, gravée par Duplessis-Bertaux. in-fol.

Belle épreuve.

BANCE (A Paris chez)

110 — Barra et Viala, Deux portraits in-8, faisant pendant.

Très belles épreuves.

BASSET (A Paris chez)

111 — *Cagliostro* (la comtesse de), *Olisva* (Mlle Leguet d'Esigny d'). Deux portraits, in-4, pour le procès du collier.

Belles épreuves.

112 — *Corday* (Charlotte), en buste, coiffée d'un chapeau; elle tient un poignard de la main droite, in-8.

Très belle épreuve. Rare.

113 — *Mirabeau* (H. G. Riquetti, ci-devant comte de). In-4, en couleur.

Très belle épreuve. Rare.

BELJAMBE ET BOUTELOU

114 — *Chénier* (André), d'après Notté, — *Chénier* (M. J. de), d'après C. Lefebvre, en bas une scène de Charles IX. Deux portraits.

Belles épreuves, dont une avant la lettre.

BENOIST

115 — *Clairon* (Hippolyte de la Tude), célèbre actrice, in-8.

Très belle épreuve.

BLANCHARD (A Paris chez)

116 — *Marat*, Michel *Le Pelletier*, Charlotte *Corday* et *Paris*, l'assassin de le Pelletier, représentés sur une même feuille in-8, en largeur.

Belle épreuve. Rare.

BOILLET

117 — *Necker*, ministre d'État, directeur général des finances. In-fol, en couleur.

Belle épreuve. Marge.

BONNET

118 — *Pétrowitz* (Paul), grand duc de Russie, in-fol. à la sanguine.

Très belle épreuve.

BONNEVILLE (D'après)

119 — *Custine*, — Lucien *Bonaparte*, — La princesse de *Lamballe*, — Ch. *Corday*, — *Maupeau*, — P. L. *Roederer*, — *Massena*, etc., neuf portraits in-8.

Belles épreuves.

BUCHERIE (A Paris, rue de la)

120 — *Corday* (Charlotte) poignardant Marat dans son bain, avec complainte au bas. Cette pièce porte pour titre : La mort du patriote Marat, in-fol.

Très belle épreuve, toutes marges. Rare.

121 — *Corday* (Charlotte), écrivant sa dernière lettre à son père. Au-dessous, la reproduction de cette lettre. in-fol.

Très belle épreuve, toutes marges. Fait pendant au numéro précédent.

CANU

122 — *Robespierre* (Maximilien), député d'Artois, en buste dans un médaillon ovale. Il presse un cœur dont il recueille le sang dans une coupe. In-8.

Belle épreuve avec marge. Rare.

123 — Le même personnage, en buste dans un médaillon posé sur un cartouche où se trouve le nom du personnage, sans noms d'artistes, in-8.

Belle épreuve sans marge.

CARPENTIER

124 — *Mirabeau* (M. le comte de), représenté à la tribune de l'assemblée nationale, d'après Allain, in-4.

Belle épreuve.

CHARLET

125 — Bonaparte au bivouac, lithographie.

Belle épreuve.

CHEVILLET

126 — *Chartres* (Louis-Philippe d'Orléans, duc de). In-fol.

Très belle épreuve. Marge.

CIVIL (A Paris chez)

127 — *Deon de Beaumont* (Charles-Geneviève-Louis-Auguste-César-André-Timothée), in-4, en couleur,

Très belle épreuve. Marge.

COURTEILLE (N.)

128 — *Lenoir* (J. C. P.), conseiller d'état, lieutenant général de Police. in-fol. à la sanguine.

Très belle épreuve. Grande marge.

CROISIER (M. A.)

129 — Trois médaillons où sont représentés les portraits de *Louis-Philippe*, duc *d'Orléans*, de Louis-Philippe-Joseph duc *d'Orléans* et de Louise-Marie-Adélaïde de Bourbon Penthièvre, duchesse d'Orléans. In-8.

Belle épreuve. Rare.

DAGOTY (Gautier)

130 — *Du Barry* (Madame la comtesse), représentée assise devant sa toilette, et prenant une tasse de chocolat que lui présente son nègre Zamore, in-fol. en couleur.

Très belle épreuve. Rare.

DEBUCOURT (P. L.)

131 — *Louis XVIII*, représenté en pied, d'après Bera.

Belle épreuve.

DEBUCOURT (P. L.)

132 — *Louis XVIII*, roi de France, représenté à mi-corps, d'après Isabey, in-fol.

Très belle épreuve.

DESRAIS (D'après)

133 — *Marat* (J. P.), en buste dans un médaillon, coiffé d'un foulard, gravé en couleur par la citoyenne Montaland. in-4.

Très belle épreuve. Rare.

DIVERS

134 — Portraits de *Barra* et de *Viala* et pièces relatives à leur mort. Six pièces in-18 dont deux en couleur.

Belles épreuves.

135 — Portraits de *Bonaparte* jeune, — Mme *Bonaparte*. Cinq portraits par Schiavonetti, Bonneville, Duplessis, — Bertaux, etc.

Belles éprenves.

136 — Portraits de *Napoléon* Ier et de l'impératrice *Marie-Louise*, en partie représentés en pied et grand costume de cour. Douze pièces gravées par Fortier, Godefroy, et autres, publiées chez Basset ; plusieurs sont en couleur.

Belles épreuves.

137 — Louis-Anthoine-Henry de Bourbon, duc *d'Enghien*, — Mgr le comte *d'Artois*. — Louis XVIII. Trois portraits in-4, gravés par Richomme, Godefroy et Cardon.

Belles épreuves.

138 — Portraits de Mlle *Clairon*, par Janinet, Tassaert, etc. Quatre pièces.

Belles épreuves.

139 — Marie *Leczinska*, — Le *Dauphin*, — Philippe *d'Orléans*, régent etc. Six portraits in-8 et in-4, par divers graveurs.

Belles épreuves.

DIVERS

140 — *Marat* tel qu'il était au moment de sa mort. — Le général *Reed*, — le général *Gates*. Quatre portraits in-8, d'après David et Desrais.

Belles épreuves ; le portrait de Marat est double, en noir et en couleur.

141 — *Mirabeau-Tonneau*, — *Lafayette*, — *Petion*, — *Marat*, Charlotte *Corday*, — *Barnave*, etc. Six portraits in-8, par vers graveurs.

Belles épreuves.

142 — Portraits de *Brune*, — *Macdonald*, — Joachim *Murat*, — *Herné*, grenadier, — Frédérick, baron de *Trenck*, — *Barras*, — *Pichegru*, *N. Bergasse*, — *Massena*, — *Louis XII*, *Henri IV* et *Louis XVI*, sur une même feuille. Dix portraits in-8 et in-fol. par divers graveurs.

Belles éprenves.

143 — Portrait de M. de *Necker*, ministre des finances. Six portraits in-4, par Lebrun, Alais, Le Beau, Dembrun, etc.

Belles épreuves.

DUHAMEL

144 — *Lebon* (Nicolas), jurisconsulte, d'après Defresne, in-8.

Belle épreuve, toute marge.

DUPLESSIS-BERTAUX ET LEVACHEZ

145 — *Chalier*, procureur de la commune de Lyon. — *Henriot*, commandant général de la garde nationale parisienne, — *Fouquier Tinville*. Trois portraits tirés des tableaux de la Révolution.

Belles épreuves.

ESNAUTS ET RAPILLY (A Paris chez)

146 — *Hancock* président du congrès anglo-américain, — *G. Washington*, général en chef de l'armé anglo-américaine, — *Keppel* (l'amiral), chef de la flotte du roi d'Angleterre, — le général *Arnold*, — Charles *Lee*, — le général *Gates*, — Israël *Putnam*. Sept portraits in-8.

Très belles épreuves, toutes marges, avant les numéros.

FIESINGER

147 — *Orléans* (Louis-Philippe-Joseph, duc d'), in-8, en couleur.

Superbe épreuve avec marge. Rare.

FORTIER

148 — Portrait équestre du général *Moreau*. In-fol.

Très belle épreuve avant toute lettre.

FOSSEYEUX (J.-B.)

149 — S. A. S. le prince de la Paix, représenté en pied, d'après Steven.

Belle épreuve.

GAUTIER

150 — *Desault* (P.-J.). chirurgien en chef de l'Hôtel-Dieu de Paris, d'après Kimly, in-4, en couleur.

Très belle épreuve.

GUÉRIN (D'après)

151 — *Mirabeau* (H.-G), —*Regnier*, —*Sainte Suzanne*, —*Kléber*, — *Lecourbe*. Cinq portraits in-fol. gravés par Roger et Fiesinger.

Belles épreuves.

HODGES (C. H.)

152 — *Buonaparte* (le général), représenté en buste, d'après Rusca. In-fol. manière noire.

Très belle épreuve avec la lettre grise. Marges.

ISABEY (D'après)

153 — *Marie-Louise*, archiduchesse d'Autriche, impératrice, reine et régente, gravé par Mécou. In-4.

Belle épreuve. Marge.

JEAN (A Paris chez)

154 — *Masséna*, général en chef de l'armée d'Italie, portrait équestre, in-fol. en couleur.

Belle épreuve. Marge.

LE BEAU

155 — *Artois* (Charles-Philippe, comte d'), colonel général des Suisses et Grisons, d'après Vanloo. In-8.

Belle épreuve.

LE BEAU, SAINT-AUBIN ET HENRIQUEZ

156 — *Mercier* (L.-S.), — *Linguet*, — Benjamin *Francklin* et *Rousseau*, gravé par Moreau, d'après Mayer. Quatre portraits in-8.

Belles épreuves.

LECLERC (D'après)

157 — *Clairon* (Hippolyte de La Tude), célèbre actrice. In-4 à la sanguine.

Belle épreuve sans marge. Rare.

LE CŒUR

158 — *Bailly*, maire de Paris. In-8 en couleur.

Belle épreuve.

159 — *Orléans* (Philippe, duc d'), dit Philippe Egalité, d'après Bertaux. In-4.

Belle épreuve.

LE GRAND (Aug.)

160 — *Arné* (le grenadier Joseph), en buste, dans un médaillon posé sur un cartouche, où il est représenté arrêtant M. de Launay, gouverneur de la Bastille. Petit in-fol. en couleur.

Très belle épreuve. Marge.

LE MIRE (N.)

161 — *Lafayette* (M. le marquis de), en pied, près de lui un nègre tenant la bride de son cheval, d'après Le Paon. In-fol.

Superbe épreuve avant la lettre, marge. Rare.

162 — *Washington* (le général). In-fol. en pied d'après le Paon.

Belle épreuve.

LEVACHEZ

163 — *Desilles*, en buste, dans un médaillon posé sur un cartouche, où est représentée la scène de sa mort. In-4.

Très belle épreuve avant toutes lettres.

164 — *Joséphine Tascher de la Pagerie*, impératrice. In-4 en couleur.

Superbe épreuve. Marge.

165 — *Louis XVIII*, roi de France et de Navarre, représenté assis dans son cabinet, d'après Robert Lefèvre. Grand in-fol. en couleur.

Très belle épreuve.

166 — *Masséna*, général en chef, surnommé l'Enfant gâté de la Victoire. In-8 en couleur.

Superbe épreuve. Rare.

LEVACHEZ (A Paris chez)

167 — *Maury* (J.-F.), — *Dillon* (D.), curé de Vieux-Pouzanges, — *Leymarie* (Léonard), curé de Saint-Privas, — *Mirabeau* (le comte de). Quatre portraits in-4.

Belles épreuves

LIGBERT

168 — *Danton* (G.-J), député à la Convention. In-8.

Belle épreuve. Rare.

LITTRET (C. A.)

169 — *Clairon* (Hippolyte de La Tude), célèbre actrice. In-8.

Belle épreuve. Marge.

MASSARD (J.)

170 — *Provence* (Louis-Stanislas-Xavier de France, comte de). Petit in-18.

Superbe épreuve avec marge. Rare.

MAYER

171 — J.-J. *Rousseau*, représenté debout, herborisant; dans le fond, la vue du pavillon qu'il habitait à Ermenonville. In-4 en couleur.

Belle épreuve. Rare.

MICHEL (J.-B.)

172 — *Clairon* (Hippolyte de La Tude), d'après Pougin de Saint-Aubin. In-fol.

Très belle épreuve.

MONSALDY

173 — *Marie-Louise*, archiduchesse d'Autriche, impératrice, reine et régente, d'après Isabey. In-4 en couleur.

Très belle épreuve. Marge.

MOREAU (D'après J. M.)

174 — *Guillotin* (J.-I), docteur-régent, ancien professeur de la Faculté de Médecine de Paris, gravé par B.-L. Prevost. In-8.

Superbe épreuve, toutes marges.

PERIGNON (D'après)

175 — *Petion de Villeneuve* (Jérôme), maire de Paris. In-4 avec bordure, gravé par le Campion.

Très belle épreuve. Marge.

QUENEDEY

176 — *Cloots* (Anacharsis). In-8.

Belle épreuve avec marge.

177 — Portrait de femme, en buste, en couleur.

Très belle épreuve. Marge.

QUEVERDO (D'après)

178 — *Corday* (Charlotte), dans un médaillon rond, écrivant à son père. Au bas, la scène de l'assassinat de Marat, gravé par Massol. In-8.

Très belle épreuve. Rare.

179 — *Marat* (Jean-Paul). Buste, la tête couronnée de lauriers, appuyée sur un coussin; des gouttes de sang coulent de sa blessure. Dessiné d'après nature, le 19 juillet 1793. In-8.

Belle épreuve.

SAINT-AUBIN (Aug. de)

180 — *Necker*, ministre des finances, d'après Duplessis. In-fol

Très belle épreuve.

181 — Charles *Panckoucke* aux auteurs de l'*Encyclopédie*, seize portraits sur une même feuille. In-4.

Belle épreuve.

SERGENT (A. F.)

182 — *Marceau* (le général), représenté en pied. In-fol. en couleur.

Superbe épreuve. Rare.

183 — *Monsieur*, frère du roi, depuis Louis XVIII, d'après Duplessis. In-4 en couleur.

Superbe épreuve. Très rare.

184 — *Necker* (Jacques), celèbre homme d'État. In-4 en couleur, d'après Duplessis.

Très belle épreuve.

185 — *Corday* (Charlotte). Debout à mi-corps à une fenêtre, coiffée d'un chapeau, d'après Hauer. Au-dessous, dans un petit médaillon, elle est représentée frappant Marat. In-fol.

Superbe épreuve avec la tablette blanche. C'est le portrait annoncé dans le Journal de Perlet, le 27 juillet 1793, n° 309.

TARDIEU (A.)

186 — *Buonaparte*. Buste dans un médaillon, d'après Isabey. In-8.

Belle épreuve. Marge.

VÉRITÉ

187 — *Beaulieu*, d'après Bauzil. In-4 en couleur.

Très belle épreuve.

188 — *Pétion* (J), — *Maury* (J.-F.), — *Chapellier*, — *Montesquiou-Fezenzac*. Quatre portraits in-8, le dernier en couleur.

Belles épreuves.

VILLENEUVE (A Paris chez)

189 — *Custine* (A.-F.), commandant en chef de l'armée du Rhin, en buste dans un médaillon rond. In-8.

Belle épreuve avec marge.

190 — *Mirabeau* (H.-G. Riquetti, comte de), en buste dans un médaillon, gravé à la manière noire, sur fond rouge. En haut, cette inscription : Il est mort, le Démosthène de la France. In-8.

Très belle épreuve. Rare.

191 — *Saint-Priest* (Judas-Guignard-Acomat, dit), ou Farcy, ci-devant ministre et secrétaire d'État, en buste sur fond rouge, dans un médaillon suspendu par un anneau passé dans un sabre sur lequel on lit cette inscription : Sabre de Damas propre à couper les têtes, en bas de l'ovale. Gravé par Gika, petit-fils de Tamerlan, In-8.

Superbe épreuve. Rare.

VINSAC

192 — *Cagliostro* (le comte de), d'après Pujos. In-4.

Belle épreuve.

PORTRAITS ET SUJETS SUR VOLTAIRE

193 — **Barbié** et **Le Roy**. — *Voltaire*. Trois portraits différents. In-8.

Belles épreuves.

194 — **Basset** (A Paris chez). — *Voltaire* représenté debout en face d'une colonne où sont représentés en bustes Henri IV, Louis XIV et Jeanne d'Arc. In-4 en couleur.

Belle épreuve.

195 — **Chapuy**. — *Voltaire* représenté en buste, d'après Benazech. In-4 en couleur.

Superbe épreuve. Rare.

196 — **Chodowiecki**. — *Voltaire* représenté en buste, écrivant, gravé à l'eau-forte, plus deux autres portraits du

même personnage dont un la copie du premier. Trois pièces.

197 — **Desrais** (D'après C. L.). — Couronnement de Voltaire par Mlle Clairon, gravé par Dupin.

Belle épreuve.

198 — Buste de *Voltaire* posé sur un piédestal et couronné par une Muse, gravé aux trois crayons par Nortap. In-fol.

Belle épreuve.

199 — **Divers.** — Portraits de *Voltaire*, gravés par Holoway, Hopwood, Baquoy, Bertonnier, Balechou, etc. Huit pièces.

Belles épreuves.

200 — Apothéose de *Voltaire.*

Très belle épreuve avant toutes lettres.

201 — **Henriquez.** — *Voltaire*, représenté en buste, tenant un livre, d'après Barat. In-fol.

Belle épreuve.

202 — **Huber.** — Trente-six croquis sur une même feuille représentant Voltaire en différents âges, gravé à l'eau-forte. In-fol.

Belle épreuve. Marge.

203 — *Voltaire*, représenté en buste, gravé à l'eau-forte d'après un croquis de M. Huber. In-4.

Belle épreuve.

204 — *Voltaire*, représenté en buste, esquisse d'après nature faite à Ferney en 1769. In-4.

Belle épreuve.

204 *bis* — *Voltaire*, représenté en buste dans un entourage ornementé. In-4.

Belle épreuve. Marge.

205 — **Langlois** (B.-G.). — *Voltaire*, en buste dans un médaillon, d'après De Latour. In-4.

Superbe et rare épreuve avant la lettre, tablette blanche, plus une épreuve avec la lettre. Deux pièces.

206 — **Miger.** — Translation de Voltaire au Panthéon français, d'après Lagrenée. In-fol. en largeur.

Belle épreuve.

207 — **Moreau** (D'après J.-M.). — Couronnement de Voltaire sur le Théâtre-Français, le 30 mars 1778, après la sixième représentation d'Irène; gravé par Gaucher.

Très belle épreuve avec les armes et la dédicace.

208 — **Née** et **Masquelier.** — Le Déjeuné de Ferney. In-4 en largeur, de forme ovale.

Très belle épreuve. Marge.

209 — **Queverdo** (D'après). — *Voltaire* représenté en buste dans un médaillon posé sur un cartouche où sont représentés les adieux de Calas à sa famille, gravé par Massol. In-4.

Très belle épreuve. Marge.

210 — Vue du château de Ferney à M. de Voltaire, du côté du nord. — Vue du château de Ferney à M. de Voltaire, du côté du couchant. — Vue des délices de M. de Voltaire, près Genève. — Le tombeau de M. F. Arouet de Voltaire à Ferney. Quatre pièces.

Très belles épreuves.

211 — **Saint-Aubin** (Aug. de). — *Voltaire* en buste, dans un médaillon posé sur un cartouche avec vers. In-8.

Très belle épreuve. Marge.

212 — **Saint-Aubin** (D'après G. de). — Le Rêve. M. de Voltaire éclairé par le génie de la poésie, considère les médaillons de Charles VII, Agnès Sorel, Jeanne d'Arc, Dunois, etc., que présente l'Amour, etc.; gravé par Ransonnette. In-fol.

Belle épreuve.

213 — **Tardieu** et **Delaunay**. — Voltaire à l'âge de vingt-quatre ans. — Il ôte aux nations le bandeau de l'erreur. — Voltaire in-12, d'après Marillier. Quatre portraits.

Belles épreuves.

PORTRAITS ET PIÈCES RELATIVES A

LOUIS XVI ET MARIE-ANTOINETTE

214 — **Anonymes.** — Trait de l'histoire de France du 21 au 25 juin 1791 ou la métamorphose. Allégorie où sont représentés Louis XVI et Marie-Antoinette sur un char traîné par deux écrevisses, Louis XVI est représenté en Bacchus, assis sur Mirabeau-Tonneau.

Pièce coloriée. Rare.

215 — Il jette à ses pieds ce qu'il tenait dans ses mains. Pièce curieuse en couleur, représentant Louis XVI debout une pipe à la bouche, la couronne royale à terre, à ses côtés, le dauphin, en haut cette légende : Il a des rats plein sa cervelle, plein sa gamelle et plein ses bas.

Rare. Marge.

216 — Adieu paniers, vendanges sont faites. Petite pièce gravée à l'eau-forte représentant Louis XVI et sa famille conduits au Temple. In-8.

Belle épreuve.

217 — Les visites du jour de l'an au roi avec le quart de leur revenu. Pièce curieuse où le roi est représenté avec Mgr le Dauphin suivi de la noblesse et du clergé, recevant les produits des paysans.

Rare. En couleur.

218 — Je me suis ruiné pour l'engraisser. La fin du compte je ne sais qu'en faire. — Balance éligible du marc d'argent. Deux pièces critiques sur Louis XVI. Dans la première, la figure du roi est représentée sur le corps d'un cochon qu'un paysan conduit par la patte. En couleur.

Rares.

219 — L'Entrée franche. Je me suis ruiné pour l'engresser. La fin du compte je ne sait qu'en faire. Pièce curieuse représentant la figure du roi sur le corps d'un cochon avec des cornes sur la tête, conduit par un paysan.

Pièce rare, avec marge.

220 — Le roi Louis XVI représenté sous la figure d'un cochon avec cornes sur la tête. Jolie pièce de forme ronde.

Rare, avec marge.

221 — Retour d'un émigré, caricature sur le Dauphin et le cordonnier Simon.

En couleur.

222 — Conjuration de L. P. J. d'Orléans. Petite pièce in-8 où sont représentés les portraits de Louis XVI, Marie-Antoinette et du duc d'Orléans.

Rare.

223 — *Louis XVI*, roi des Français et d'un peuple libre, représenté en buste coiffé du bonnet de la Liberté. En couleur. In-8.

Belle épreuve.

224 — *Louis XVI* représenté en buste dans un médaillon posé sur un socle où sont les armoiries. In-8.

Très rare épreuve avant toutes lettres et avant beaucoup de travaux.

225 — *Louis XVI* donnant des leçons de géographie à son fils dans la prison du Temple. In-8.

Belle épreuve.

226 — La séparation de *Louis XVI* d'avec sa famille dans la tour du Temple. — La séparation de *Marie-Antoinette* d'Autriche d'avec sa famille dans la tour du Temple. Deux pièces in-fol. en largeur, faisant pendant.

Très belles épreuves.

227 — *Marie-Antoinette*, archiduchesse d'Autriche, reine de France, en buste avec grande coiffure. In-18.

Belle épreuve.

228 — *Marie-Antoinette* dans sa prison à la Conciergerie.

Dessin à la sanguine.

229 — *Louis-Charles de France*, dauphin, représenté à mi-corps avec armure, coiffé d'un casque, portant une pique et un bouclier, sur lequel on voit les portraits de Louis XVI, Marie-Antoinette et Madame. Deux gravures différentes du même sujet.

Belles épreuves.

230 — *Marie-Thérèse-Charlotte*, fille de Louis XVI, âgée de dix-sept ans, dans la prison du Temple. D'après un dessin au télescope. In-4, avec légende en bas.

Belle épreuve. Marge.

231 — Rivière de diamants. Superbe collier de MM. Bohemer et Bassange représenté de moitié grandeur. In-4.

232 — Saule pleureur aux côtés d'un tombeau ; trompe-l'œil où sont représentés Louis XVI, Marie-Antoinette et leurs enfants. In-4.

233 — Saule pleureur auprès d'une urne où sont représentés les mêmes personnages.

Très rare épreuve avant toutes lettres.

234 — Saule pleureur auprès d'un monument funèbre, où sont représentés les mêmes personnages.

Épreuve avant toute lettre.

235 — La France en pleurs, appuyée sur un tombeau où est représenté le portrait du roi. Deux compositions différentes publiées pour l'anniversaire des 21 janvier et 16 octobre 1793.

Belles épreuves, une est avant la lettre.

236 — Vue du Temple, du côté des jardins ; sur le devant, à gauche, on voit Louis XVI, Marie-Antoinette et Madame qui dessine. Pièce très belle de forme ovale avec bordure formée d'anneaux, imprimée en couleur. Grand in-fol.

Superbe épreuve. Rare.

237 — **Audinet.** — *Angoulême* (Marie-Thérèse-Charlotte de France, duchesse d'), d'après Danloux. In-fol.

Superbe épreuve avant la lettre. Marge.

238 — **Bartolozzi** (L.). — *Louis seize*, roi de France, en buste, avec le manteau royal. In-8 en couleur.

Belle épreuve.

239 — **Bartolozzi et Schiavonetti.** — *Louis XVI*, *Marie-Antoinette* et Madame *Elisabeth*. Trois portraits in-8 publiés en Angleterre.

Belles épreuves.

240 — **Basset** (A Paris chez). — M. *Bailly*, maire de Paris, présentant au roi les clefs de la ville à la barrière de la Conférence, le 17 juillet 1789.

Pièce rare en couleur. Marge.

241 — *Louis XVII* représenté debout en costume royal. — S. A. R. le duc de Bordeaux.

Deux portraits in-fol., en couleur.

242 — **Bauvais** (S.) et L. S. **Boizot**. — Allégories sur la naissance du dauphin. 22 octobre 1781. Deux pièces gravées par Legrand et M. L. A. Boizot.

Belles épreuves.

243 — **Benazech**. — Séparation de *Louis XVI* d'avec sa famille, gravé par Vinkeles. In-4 en largeur.

Belle épreuve avant la lettre.

244 — **Bevalet**. — Discours du roi prononcé à l'Assemblée nationale, le 4 février 1790, renfermé dans une bordure coloriée, en haut la Renommée.

245 — **Binet** (D'après). — La reine *Marie-Antoinette*, Madame *Elisabeth*, Madame Royale et le *Dauphin* représentés se promenant dans le jardin des Tuileries sous la garde de deux grenadiers. In-8.

Belle épreuve avant toute lettre.

246 — **Bligny** (A Paris chez). — Cérémonie du sacre de *Louis XVI*, grande et belle composition renfermée dans un cartouche ornementé.

Belle épreuve. Rare.

247 — **Bouillard**. — *Provence* (Marie-Joséphine-Louise de Savoie, *comtesse de*), *petit* in fol. dans un médaillon ovale.

Superbe épreuve avant toutes lettres, avec grandes marges.

448 — *Louis XVIII*, roi de France. In-fol., dans un médaillon ovale.

Belle épreuve.

249 — **Bovi** (M.), élève de Bartolozzi. — Famille royale de France dans la tour du Temple. La scène, représentée le 24 juin 1793, est prise au moment où le chirurgien Brunier visite pour la première fois le mal dangereux qu'avait à la jambe Madame Royale.

Pièce en couleur. Superbe épreuve. Très rare.

250 — **Brookshaw** (R.). — Monseigneur le comte d'*Artois*, d'après Drouais. In-fol. en manière noire.

Superbe épreuve avant toutes lettres.

251 — **Canu.** — *Marie-Antoinette, Louis XVI et le Dauphin*, représentés en buste sur des nuages au haut d'une planche où est imprimé le testament du roi. En bas, une vue du Temple.

Très belle épreuve. Marge.

252 — Saule pleureur auprès d'une urne où sont représentés *Louis XVI, la Reine, le Dauphin, Madame* et Madame *Elisabeth*. In-4.

Belle épreuve.

253 — **Cathelin.** — *Artois* (Marie-Thérèse, princesse de Savoye, comtesse d'), d'après Drouais. In-fol.

Très belle épreuve.

254 — *Marie-Antoinette*, archiduchesse d'Autriche, reine de France, d'après Drouais. In-fol.

Belle épreuve.

255 — **Cazenave.** — *Louis XVI*, — *Marie-Antoinette*. Deux portraits en bustes, plus forts que nature, gravés en ovale au crayon noir, d'après Le Barbier. In-fol.

Superbes épreuves. Rares.

256 — **Cochin** (D'après C. N.). — *Louis XVI*, roi de France, représenté au milieu de figures allégoriques, gravé par de Longueil. In-fol. (Première planche.)

Superbe et très rare épreuve avant toutes lettres et avant beaucoup de travaux. Estampe en contre-partie de la pièce terminée.

257 — La même composition.

Belle épreuve avec la lettre.

258 — **Croisey** (P.). — *Marie-Antoinette*, archiduchesse d'Autriche, dauphine de France. In-fol.

Très belle épreuve. Rare.

259 — **David.** — *Louis XVI*, à l'Assemblée nationale, accepte solennellement la Constitution, le 14 septembre 1791, d'après Le Jeune. In-fol.

Très belle épreuve. Marge.

260 — **Demarteau.** — *Marie-Antoinette* représentée en buste, gravé à la sanguine. In-8. Remargé.

Rare.

261 — **Divers.** — V'là un grand pas de fait. — Adieux de *Louis XVI* à sa famille. — Allégorie sur *Marie-Thérèse*. — Testament de *Louis XVI*, avec son portrait. Quatre pièces par Duplessis-Bertaux, Fessard, Blanchard, etc.

262 — Portraits et pièces historiques relatives à Louis XVI. Quatorze pièces gravées par Clément, Cathelin, etc.

Belles épreuves.

263 — Portraits de Louis XVI, de Marie-Antoinette et de Mgr le Dauphin. Sept portraits in-8 et in-4 gravés par Levachez, Gaucher, Renard, etc.

Belles épreuves.

264 — Séparation de *Louis XVI* d'avec sa famille. — Le *Dauphin* arraché des bras de sa mère. — *Madame Royale* sortant de la prison du Temple. — *Louis XVI* montant à l'échafaud. — Exécution de *Louis XVI* et de *Marie-Antoinette*. Six pièces.

Belles épreuves.

265 — **Duflos** (P.). — *Marie-Antoinette*, reine de France, debout, en pied et grand costume de cour, d'après Mme Lebrun et Touzée. In-fol.

Superbe épreuve avant la lettre. Marge. Rare.

266 — **Duplessis-Bertaux.** — Séparation de *Louis XVI* d'avec sa famille.

Très rare épreuve à l'état d'eau-forte.

267 — **Eisen** (Ch.). — Bibliothèque de *Mme la Dauphine*, composition dans un cadre ornementé où Marie-Antoinette est représentée entourée des Grâces. In-8.

Belle épreuve.

268 — **Gautier-Dagoty.** — Le roi *Louis XV* assis, au milieu des principaux personnages de la cour, tenant par la main Monseigneur le Dauphin, depuis *Louis XVI*, reçoit le portrait de *Marie-Antoinette* d'Autriche. A cette fête de la famille royale, est représentée, à droite, Madame la comtesse *Du Barry* en grand costume de cour. Pièce grand in-fol. en manière noire.

Superbe épreuve. Très rare.

269 — **Genty** (Chez). — Testament de la reine ou fac-simile imitant parfaitement son écriture, conforme à la copie distribuée aux deux Chambres, 1816 ; en haut, le portrait de la reine, et, au milieu, comme fleuron, un saule pleureur avec urne où sont représentés le roi, la reine et leurs enfants.

Rare.

270 — **Guyot** (A Paris chez). — La Fuite à dessein ou le parjure *Louis XVI*. La scène représente l'arrestation du roi et de la reine à Varennes. Pièce in-fol. en largeur, gravée en bistre.

Très belle épreuve sans marge et montée en dessin. Encadrée.

271 — **Haunz** (J.-J.-G.). — La séparation de *Louis XVI* d'avec sa famille dans la tour du Temple. Grande pièce in-fol. en hauteur.

Superbe épreuve avant la lettre.

272 — **Ingouf** (P.-C.). — La comtesse d'*Artois* avec ses enfants, représentés en buste dans un médaillon, gravé d'après la boëte donnée par cette princesse à M. Busson, son premier médecin. In-4.

Belle épreuve.

273 — **Janinet** (F.). — Projet de monument à ériger pour le roi, d'après de Varenne et J.-M. Moreau, en couleur.

Superbe épreuve avant la lettre.

274 — **Janinet** (F.) — *Marie-Antoinette* d'Autriche, reine de France et de Navarre, in-fol., en buste et grand costume de cour. En couleur.

Superbe épreuve. Rare.

275 — Les Sentiments de la nation. La reine *Marie-Antoinette* tenant dans ses bras le dauphin est assise en face du buste de Louis XVI : elle porte sur la tête la couronne royale. Composition dans un cartouche orné d'un ruban bleu ondulé, auquel se mêlent du lierre, des lis et des roses ; à gauche du cartouche, un épagneul. Pièce publiée pour la naissance de Mgr le Dauphin. Gravé en couleur d'après Huet.

Superbe épreuve. Rare.

276 — **Jean** (A Paris chez). — Louis XVI. — Louis-Joseph de Bourbon, prince de Condé. — Louis-Antoine-Henri de Bourbon Condé, duc d'Enghien. — Marie-Thérèse, fille de Louis XVI, duchesse d'Angoulême. — Louis XVIII, roi de France. Sept portraits équestres. In-fol. en couleur.

Très belles épreuves. Rares.

277 — **Le Beau**. — *Louis XVI*, roi de France et de Navarre. — *Marie-Antoinette*, reine de France. Deux portraits in-8.

Très belles épreuves.

279 — **Louvion** (J.-B.). — *Louis XVI* représenté en buste dans un médaillon posé sur une colonne, avec attributs divers. In-4.

Belle épreuve.

280 — **Le Père** et **Avaulez** (Chez). — Le Retour désiré. *Louis XVI* rappelle son Parlement, allégorie. In-fol.

Belle épreuve.

281 — **Malgo** (Simon). — *Marie-Antoinette*, reine de France, née archiduchesse d'Autriche, d'après Hickel. Grand in-fol. en manière noire.

Superbe épreuve avec marge. Rare.

282 — *Lamballe* (Marie-Thérèse-Louise de Savoie-Carignan,

princesse de), d'après Hickel. In-fol. en manière noire, fait pendant au numéro précédent.

Superbe épreuve avec marge.

283 — **Masquelier** (L.-J.). — Monument à la gloire du roi et de la France. Belle pièce gravée à l'eau-forte, d'après Touzé.

Très belle épreuve.

284 — **Massard** (L.). — Pièce allégorique sur le départ d'Autriche de *Marie-Antoinette*. — Louis XVI appuyé sur le Génie de la France écoute les conseils que lui donne Henri IV, debout sur un nuage. Deux pièces faisant pendant, d'après Lainville.

Très belles épreuves. Marges.

285 — **Mechel** (Chr. de). — Arrivée sur le territoire de Basle de la princesse Marie-Thérèse-Charlotte, fille de Louis XVI, le soir du 26 décembre 1795.

Belle épreuve. Marge.

286 — **Mondhare** (A Paris chez). — *Marie-Antoinette* d'Autriche, reine de France et de Navarre, en habit de cour et le manteau royal. — Louis XVI, roy de France et de Navarre, représenté dans ses habits et attributs de la couronne.

Deux pièces in-fol., coloriées du temps, tirées du VIe cahier du *Costume français*. Très rares.

287 — *Louis XVI*, *Marie-Antoinette*, *le Dauphin* et *Madame*, représentés en bustes dans quatre médaillons, imprimés sur une même feuille. In-fol. en couleur.

Très belle épreuve. Rare.

288 — **Moreau** (J.-M.). — Fêtes données au roi *Louis XVI* et à la reine *Marie-Antoinette*, le 23 janvier 1782, par la ville de Paris, à l'occasion de la naissance de Mgr le Dauphin : *le Bal masqué*.

Très rare et belle épreuve, à l'état d'eau-forte.

289 — Fêtes données au roi et à la reine par la ville de Paris, le 21 janvier 1782, à l'occasion de la naissance de Mgr le Dauphin. — Arrivée de la reine à l'Hôtel-de-Ville. — Le feu d'artifice. Deux pièces faisant pendant.

Très belles épreuves.

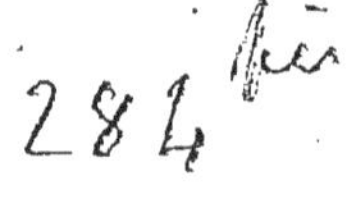

290 — **Moreau** (J.-M.). — Louis XVI, en buste, et Louis XVI recevant la Sainte Ampoule, gravés sur une même planche, d'après la médaille de Duvivier, frappée aux frais du maire et échevins de la ville de Rheims à l'occasion du sacre du roi.

Belle épreuve avec légende.

291 — **Moreau** (D'après J.-M.). — Au Roi. Buste de *Louis XVI* au milieu de figures allégoriques, gravé par N. Le Mire. In-fol.

Belle épreuve.

292 — La Même composition, le portrait de *Mirabeau* remplace celui du roi et, en bas sur la tablette, est représentée une allégorie relative à la séance royale du 23 juin 1789. En haut, une inscription avec les noms et qualités du personnage.

Rare.

293 — **Murphy** (J.). — *Marie-Antoinette*, reine de France. Elle est représentée dans sa prison, assise dans un fauteuil, en face du portrait du roi, en costume de deuil, ayant au cou un médaillon où est représenté le portrait du Dauphin, gravé en manière noire d'après le tableau peint par la marquise de Bréhan. In-fol.

Superbe épreuve.

294 — *Marie-Antoinette*, reine de France, d'après Hoster. In-fol. en manière noire, publié en Angleterre, juillet 1793.

Très belle épreuve.

295 — **Patas** (J.-B.). — Avènement de *Louis-Auguste XVI* et de *Marie-Antoinette* d'Autriche au trône de France, 10 mai 1774. Allégorie où sont représentés les portraits du roi et de la reine. In-fol.

Très belle épreuve. Rare.

296 — **Pether** (W.). — *Madame* (Marie-Joséphine-Louise de Savoie, comtesse de Provence), in-fol. en manière noire, d'après Mme Le Brun, publié à Londres en 1793.

Superbe épreuve. Rare.

297 — **Pierron** (J.-A.). — *Marie-Antoinette*, reine de France,

coiffée d'un béret, avec plumes et aigrette. — *Louis XVI*, avec le manteau royal. Deux portraits in-4 faisant pendant.

Belles épreuves. Marges.

298 — **Prattent** (T.). — *Marie-Antoinette*. Petit buste avec grande coiffure, publié en Angleterre, 1786. In-8.

Belle épreuve.

299 — **Roger**. — *Marie-Antoinette* de Lorraine-d'Autriche, reine de France, en pied et grand costume de cour, d'après Roslin le Suédois. Grand in-fol.

Très belle épreuve.

300 — **Ruotte** (L.-Ch.). — *Marie-Antoinette* d'Autriche, en buste in-4 ovale, habillée en bergère, avec un foulard noué dans les cheveux, d'après Césarine F.

Très belle épreuve. Marge.

301 — **Saint-Aubin** (Aug. de). — Le roi *Louis XVI*, *Marie-Antoinette* et le *Dauphin*, représentés en buste sur une même feuille, dans un médaillon posé sur un monnment en forme de pyramide ; au dessous, une urne posée sur un cartouche avec vers, d'après Sauvage. Grand in-8.

Superbe épreuve avant toutes lettres, le cartouche est blanc.

302 — La même estampe.

Très belle épreuve avec les vers sur le cartouche ombré, et avec les noms des artistes. Marge.

303 — *Louis XVI*, petit médaillon posé sur un monument en forme de pyramide, où sont inscrits les articles de la Constitution. In-fol.

Très belle épreuve avec marge.

304 — *Louis XVI*, roi des Français. Petit buste dans un médaillon ; en haut, l'inscription rapportée.

Belle épreuve toute marge.

304 *bis* — **Sayer** (R.). — *Marie-Antoinette* conduite au supplice ; elle est représentée assise dans une charrette, les

mains liées derrière le dos; d'un côté, un prêtre, et de l'autre, un citoyen; dans le fond, on aperçoit la guillotine et le peuple, — *Louis XVI*, debout sur la guillotine, essaye de prononcer son adresse au peuple. Deux pièces en couleur, faisant pendant, publiées à Londres en 1793 et 1794.

Très belles épreuves, de la plus grande rareté.

305 — **Schleiner.** — *Lamballe* (la princesse de) représentée en buste. In-4 à la sanguine.

Belle épreuve avant la lettre.

306 — **Smith** (W.). — *Louis XVI*, roi de France et de Navarre. — *Marie-Antoinette* d'Autriche, reine de France et de Navarre. Deux portraits in-fol. faisant pendants, gravés à la manière noire, d'après De Lorge.

Superbes épreuves. Grandes marges.

307 — **Tardieu** (A.). — *Marie-Antoinette*, reine de France, représentée en pied, en vestale, d'après Dumont.

Superbe épreuve avant la lettre, les noms d'artistes à la pointe. Marge.

308 — Séparation de *Louis XVI* d'avec sa famille, d'après Monsiau. In-4.

Belle épreuve.

309 — **Vérite.** — *Marie-Antoinette*, reine de France, d'après Mme Lebrun. — Autre portrait de la reine, aussi d'après Mme Lebrun, sans noms d'artistes. In-8.

Belles épreuves.

310 — **Villeneuve** (A Paris chez). — Le roi *Louis XVI*, debout, coiffé du bonnet rouge (il est vert ici), sur lequel on lit : Il fait banqueroute à tous les partis. Il tient d'une main une bouteille et se verse du vin dans un verre. Au bas : Aristocrates, soyez tranquilles sur la santé du traître Louis XVI, etc. Pièce rare, imprimée en couleur.

Très belle épreuve.

311 — **Wailly** (D'après). — Obélisque élevé à la gloire de *Louis XVI* sur la place du Port-Vendres, en Roussillon, année 1780. Grande pièce in-fol. en hauteur.

Très belle épreuve.

SUJETS HISTORIQUES

DE L'ÉPOQUE DE LA RÉVOLUTION

Pièces sur les Mœurs, Costumes et Caricatures.

AFFICHES

312 — Acte d'accusation de Charlotte Corday. — Interrogatoire de Marie-Antoinette. — Proclamation de Napoléon, de Schœnbrun, le 6 nivôse, an XIV. — Le Citoyen français, journal du 5 floréal an VIII, etc., etc. Seize pièces.

313 — Ordonnance du 19 nivôse l'an II de la République, contre la débauche et le libertinage. — Ordonnance contre le brigandage, de par le Roi, en 1789. Deux pièces.

314 — Mandats territoriaux, assignats, bons pour deux voyes de bois neuf. Certificats de civisme, bons de vingt, vingt-cinq et dix sous, etc. Trente pièces.

Rares.

315 — Décrets, lettres ministérielles, congés, etc., avec vign. en tête, par différents artistes. Cinquante pièces.

316 — Affiche illustrée annonçant les exercices acrobatiques de Mme Saqui, à Soissons, le 2 janvier 1822.

317 — Lettre de recommandation pour les f.f. franc-maçons, avec figures allégoriques. Grande pièce in-fol.

Belle épreuve sans marge.

ANONYMES

318 — Les filles de joie rasées.

Belle épreuve d'une pièce curieuse, la légende du bas coupée.

319 — Le Baquet magique. Pièce critique sur le Mesmérisme.

Belle épreuve.

320 — Les effets du magnétisme animal. Pièce curieuse gravée à l'eau-forte.

Belle épreuve. Rare.

ANONYMES

321 — Les physiciens travaillant à l'Observatoire. Pièce curieuse, gravée à la sanguine, avec vers en bas.

Belle épreuve.

322 — Les Cosaques littéraires en action. Pièce coloriée.

Rare.

323 — Représentation de l'audience publique donnée par S. M. le Roi de France aux ambassadeurs indiens, en 1788. — Baptême de M. le duc de Bordeaux. Deux pièces gravées sur bois.

Rares.

ANONYMES (1789)

324 — L'accomplissement du vœu de la nation. Vue de la procession de l'ouverture des États-Généraux sortant de Notre-Dame pour aller à St-Louis, prise de la place Dauphine à Versailles, le 4 mai 1789. Grande pièce en largeur.

Superbe épreuve.

325 — Convoi du très haut et très puissant seigneur des Abus, mort sous le règne de Louis XVI, le 4 mai 1789. Pièce curieuse pour les costumes, imprimée en bistre.

Superbe épreuve.

326 — Le grand mal de cœur de Monseigneur. — Chantons, célébrons la réunion des trois ordres. — Ah! quelle affreuse bourasque, etc. Quatre pièces coloriées.

Rares.

327 — Avant-garde des femmes allant à Versailles. — Journée mémorable du 6 octobre 1789, Départ de Versailles pour Paris de Messieurs les Gardes du corps et Gardes nationales parisiennes avec les héroïnes parisiennes.

Deux pièces coloriées, avec grandes marges.

328 — A Versailles, à Versailles! 5 octobre 1789. — En reviendra-t-elle?

Deux pièces coloriées.

ANONYMES (1789)

329 — Allusion aux informations des journées du 5 et 6 octobre 1789. Jolie pièce imprimée sur fond rouge, de forme ovale.

Rare.

330 — Le samedi, 3 octobre 1789, à Versailles, les gardes du corps régalent les régiments de Flandres, Suisses, Dragons et Gardes de la Nation. Belle pièce in-folio, en largeur, en couleur.

Très belle épreuve avec grande marge. Rare.

331 — Départ des trois ordres pour Versailles. Deux compositions différentes sur le même sujet, coloriées.

Rares.

332 — La Noblesse tirée d'embarras par le clergé, ou aventure de la Dame Polignac à Sens.

Belle épreuve. Marge.

333 — Françaises devenues libres. — Je viens des Feuillans. — Mlle Capriolle. — L'homme du peuple et l'homme de la cour.

Quatre pièces coloriées. Rares.

334 — A faut espérer que ce jeu la finira bientôt (la religieuse et la femme noble sur le dos de la femme du peuple). — J'savais ben qu'jaurions not tour (la femme du peuple sur le dos de la noblesse que conduit la religieuse). Deux pièces très curieuses, coloriées.

Rares.

335 — J'savais ben qu'jaurions not tour (l'homme du peuple sur le dos du noble que conduit le clergé). — Je les donne au diable de bon cœur (la dame noble et la religieuse sur le dos de la femme du peuple).

Deux pièces coloriées. Rares.

336 — A faut espérer q'eu s'jeu la finira ben tôt (l'homme noble et l'évêque sur le dos de l'homme du peuple). — J'savais ben qu'jaurions not tour (l'homme du peuple sur le dos du noble que conduit l'évêque).

Deux pièces coloriées.

ANONYMES (1789)

337 — Constitution de la France. — L'œuf à la coque. — La Réunion fait la force.

Trois pièces coloriées, sur les trois ordres et le ministère Necker.

338 — Touchez-la, messieurs, je scavais bien que vous seriez des nôtres. Pièce sur les trois ordres.

Belle épreuve.

339 — Un seul fait les trois. Allégorie sur la réunion des trois ordres.

Pièce coloriée.

340 — M. de Necker faisant danser les trois ordres. Composition ovale, gravée à la manière noire.

Belle épreuve sans marges.

341 — Un barbier rase l'autre. — Bon, nous voilà d'accord. — Le paysan Goguenard. — Le jeu de quilles. — Punition de J.-F. Mauri, et couroux de son père, etc. Sept pièces coloriées.

Rares.

342 — Patience, Margo, j'aurons bientôt 3 fois 8. — De la visite des commis de barrière et des aydes, délivrez-nous, Seigneur.

Deux pièces coloriées.

343 — Sept cent cinquante m'écrasent. Allégorie sur les impôts.

Belle épreuve. Rare.

344 — La même composition, gravée en couleur dans un médaillon in-8.

Belle épreuve. Rare.

345 — Magicienne consultée sur la révolution de 1789. Pièce curieuse, gravée à l'eau-forte.

Belle épreuve. Rare.

ANONYMES (1790)

346 — *Vue des travaux du champ de Mars pour la fête de la fédération*. Très grande pièce en largeur, de la plus grande rareté.

Superbe épreuve à l'état d'eau-forte, sans aucune lettre.

347 — Vue des travaux du champ de Mars par les patriotes. Pièce gravée à l'eau-forte avec légende en bas.

Belle épreuve. Rare.

348 — MM. les noirs lancent leur venin anti-constitutionnel contre les décrets de l'auguste assemblée nationale sur l'abolition des pouvoirs temporels du clergé.

Pièce gravée à l'eau-forte. Rare.

349 — La noblesse et le clergé conduits par Caron dans leurs domaines. Pièce gravée à l'eau-forte.

Belle épreuve.

ANONYMES (1791)

350 — Chevaliers du Poignard, désarmés par ordre du roi au château des Tuileries le 28 février 1791.

Belle pièce coloriée, avec légende. Rare.

351 — Tronc national des dames françaises. — Fait miraculeux arrivé à Paris l'an du salut 1791, le 6 avril.

Deux pièces en couleur. Rares.

352 — Les mortels sont égaux. ce n'est pas la naissance, c'est la seule vertu qui fait la différence. Allégorie sur le décret du 15 mai relatif aux droits de l'homme.

Pièce coloriée, avec légende en bas.

353 — *La Brulure*. Grande pièce allégorique représentant le Manequin du Pape brûlé par les citoyens du Palais-Royal.

Belle pièce coloriée. Rare.

354 — Ne craignez rien, citoyens de Paris, la Bulle et le saint Père n'ont rien à faire ici. Pièce coloriée contre le clergé et la noblesse, avec légende.

Rare.

ANONYMES (1791)

355 — Réponse à l'auteur de la chronique qui appelle Bombe la bulle du Pape.

Pièce critique coloriée, avec vers en bas.

356 — Pas de deux entre un Jacobin et un feuillant ; ils sont pendus chacun à une potence, au haut cette légende : Danse qu'ils danseront.

Belle épreuve. Marge.

357 — Les délassements du Palais-Royal, le Biribi ou la Belle.

Pièce coloriée. Rare.

358 — Eh donc, coqco. Petite pièce de forme ronde, représentant les figures de M. et Mme Bailly sur les corps d'un coq et d'une poule.

359 — D'animaux malfaisants, c'était un très bon plat. Petite pièce de forme ronde, représentant les têtes de Lafayette, Bailly, et le duc d'Orléans, sur des corps d'animaux.

Rare.

360 — Encore une fois, garre aux faux pas. — Digestion de la constitution. — La pelle et les sabots sont du même bois. — Le pouvoir exécutif à cheval sur la constitution. Quatre pièces de forme ovale, gravées à l'aquatinte.

Rares.

361 — L'Abbé Raynal en délire, pièce critique, en couleur.

362 — L'enjambée impériale. Pièce curieuse représentant l'impératrice de Russie, un pied sur la Russie, et l'autre sur Constantinople ; en bas, tous les rois d'Europe la regardent.

Pièce en couleur.

PIÈCES SUR L'ÉMIGRATION ET L'ARMÉE DE CONDÉ

363 — Grand conseil des émigrants. Grande pièce coloriée, avec numéros correspondant à une légende où sont indiqués les noms des personnages.

Rare.

ANONYMES (1791)

PIÈCES SUR L'ÉMIGRATION ET L'ARMÉE DE CONDÉ

364 — La Contre-Révolution ratée, ou les Paniers percés. Belle pièce coloriée, avec légende en bas.

Très belle épreuve. Rare.

365 — Revue générale du petit Condé. Pièce en couleur avec légende dans le bas.

Belle épreuve. Rare.

366 — L'Attaque de la Constitution. — La Contre-Révolution. Deux belles pièces coloriées, avec numéros correspondant aux noms des personnages indiqués dans la marge du bas.

Très belles épreuves.

367 — La Foire de Coblentz ou les grands Fantoccini français Belle pièce coloriée, avec légende en bas.

Belle épreuve. Rare.

368 — Le Conseil électoral. Grande et belle pièce coloriée avec légende en bas.

Rare.

369 — Les Réfractaires allant à la terre promise; sur la bannière est écrit : feu et sang. Grande pièce coloriée avec légende en bas.

Très belle épreuve. Rare.

370 — Le Gargantua du siècle, ou l'Oracle de la dive bouteille. Belle pièce coloriée, avec légende en bas.

Rare.

371 — Envoi d'un supplément d'armée au ci-devant prince de Condé, par MM. les noirs ou du cul-de-sac. Grande pièce coloriée, avec légende en bas.

Très belle épreuve. Rare.

372 — La Vérité venant au-devant de la France, représentée sous la figure d'une jeune fille, lui fait apercevoir dans le fond, ce qui se trame dans les douze cabinets d'Allemagne. Belle pièce coloriée, avec légende en bas.

Rare.

ANONYMES (1791)

PIÈCES SUR L'ÉMIGRATION ET L'ARMÉE DE CONDÉ

373 — Défaite des contre-révolutionnaires, commandés par le petit Condé. Grande pièce coloriée, avec légende en bas.

374 — Grande armée du ci-devant prince de Condé. Pièce coloriée, avec légende en bas, indiquant les noms des personnages.

375 — Présentation des hacquenées au Saint-Père. Pièce coloriée, avec légende en bas.

Rare.

ANONYMES (1792)

376 — Branle d'Autun. — Pas de deux entre un jacobin et un feuillant. — Le général Bender faisant danser le général Gouine et le ministre Gravité. — Le législateur la Resource. Quatre pièces de formes ovales, gravées à l'aquatinte.

Rares.

376 *bis*. — Conclusion des procès ou les *Deux Plaideurs*, — Monsieur et Madame Coco, etc. Quatre pièces imprimées en bistre.

Rares.

377 — Je suis entre le peuple et la loi (Pétion), — La Bascule patriotique, — Les Grenouilles qui demandent un roi. Trois pièces.

Belles épreuves.

378 — Philippiques. Pièce critique contre le duc d'Orléans.

Belle épreuve imprimée en bistre.

379 — Banque de Vauvineux, — La Graine de Niais, — Fesse-Mathieu, — Les Conclusions de la diète, — Adoration des patriotes à l'aspect d'un gros sou, dessinée en France, d'après nature, l'an (sans argent) III de la liberté. Quatre pièces de formes ovales, gravées à l'aquatinte.

Rares.

380 — Tans va la cruche à l'eau qu'enfin elle s'emplit, — La Toupie d'Allemagne. — L'Aristocrate en bonne fortune au Palais-Royal, — Le Ventillateur, — Vive la liberté. Six pièces en couleur.

Très rares.

ANONYMES (1793)

381 — Le Trésor tiré des ténèbres, — Le Chasseur patriote, — L'Impayable rentier de l'Etat, — Signature du Concordat, — L'Homme de village. Cinq pièces dont quatre coloriées.

Rares.

382 — Refrains patriotiques, — Danse autour d'un arbre de liberté, orné de cocardes et surmonté du bonnet rouge. Pièce rare, gravée à l'eau-forte et coloriée.

Très belle épreuve avec marge.

383 — La Femme du sans-culotte, in-fol., en couleur.

Belle épreuve avec marge.

384 — 1794. Président d'un comité révolutionnaire s'amusant de son art, en attendant la levée d'un scellé, — Président d'un comité révolutionnaire après la levée d'un scellé. Deux pièces coloriées.

385 — Le Bourreau, dont on n'aperçoit que la main, tient en l'air la tête de Robespierre après son exécution; au haut cette inscription : J. Maximilien Robespierre, surnommé le Catilina moderne, exécuté le 10 thermidor, an II de la République.

Pièce in-8 gravée sur bois. Très rare.

386 — Ainsi va le monde, dédié à tout ce qui reste de princes et de potentats en Europe, — Grande colère du Dieu, — Lafayette, lors de l'affaire de Verdun, etc. Cinq pièces très curieuses, gravées à la manière noire.

Rares.

387 — Un Sans-culotte dansant au milieu des horreurs, vient outrager l'humanité pleurante auprès d'un cénotaphe. Il croit voir l'ombre de l'une des victimes de la Révolution... et cette apparition le suffoque et le renverse. Deux gravures du même sujet, de format différent.

Très belles épreuves.

388 — Les principaux faits de la Révolution. Suite de cinquante-cinq vignettes in-8, en largeur, pour un livre sur les révolutions de Paris.

Rares.

ANONYMES

389 — Grand assaut d'armes entre le fils de saint George et le fils de saint Louis. Pièce coloriée.

390 — Vue perspective de l'intérieur de la salle des Anciens, avec bordure où sont représentés les costumes des repré. sentants du peuple français et fonctionnaires publics.

Pièce en couleur. Très rare.

391 — 1801, Deuxième conciliabule des vénérables Pères communicants, dont l'ouverture s'est faite le 29 juin 1801, et la clôture le 16 août, en l'église de N. D. de Paris.

Pièce coloriée.

392 — Bonaparte dans une voiture, reçoit une corbeille de fleurs que lui présentent trois jeunes dames. Scène se passant pendant une des campagnes d'Italie. Effet de nuit en couleur.

Belle épreuve.

393 — 1806. Le grand Chiffonnier. — Critique du Salon de 1806, gravé par Fidelis, d'après Verus.

Belle épreuve.

394 — 1814. Les Prisonniers de guerre des puissances alliées, passant dans Paris, escortés par la Garde nationale, le 17 février 1814, sont accueillis par les habitants qui leur offrent des secours.

Très belle épreuve.

395 — L'Entrée d'une partie des alliés à Paris. Pièce curieuse, en couleur.

Belle épreuve. Marge.

396 — Allégorie sur le traité de paix de l'an 1814; vers la gauche au haut d'une pyramide, les portraits en bustes de Henri IV et Louis XVIII.

Belle épreuve.

AUBRY (D'après)

397 — Les Français en garnison, — Le Départ de la garnison. Deux pièces faisant pendant, gravées par Charon.

Très belles épreuves. Rares.

BAILLEUL

398 — Décoration du Salon, composé de transparents, qui a été élevé sur deux bateaux placés sur la seine, le 29 août 1739.

Belle épreuve avec marge.

BALLONS (Pièces sur les)

399 — **Anonyme.** Vue de l'élévation du globe aérostatique, faite par un détachement des gardes suisses, sous la direction de Messieurs Miolan et Janinet. Jolie pièce avec bordure ornementée.

Très belle épreuve. Rare.

400 — **Basset.** (A Paris, chez). Expérience de l'Aérostat de MM. Robert frères, faite le 19 septembre 1784, dans le jardin des Thuilleries, en couleur.

Belle épreuve. Marge.

401 — **Divers.** Expériences faites par MM. Pilâtre de Rozier. Trois pièces.

402 — Aux incrédules de Paris, — L'Homme aérostatique. Pièces critiques sur les expériences aérostatiques de 1783. Deux pièces.

403 — **Esnauts et Rapilly** (A Paris, chez). Descente de la machine aérostatique des sieurs Charles et Robert, suivant le procès-verbal qui en a été fait à l'instant.

Belle épreuve coloriée.

404 — Expérience aérostatique de MM. Charles et Robert, au jardin des Thuileries, le 1er décembre 1783.

Belle épreuve.

405 — Voyage particulier de M. Charles, le 1er décembre 1783, faisant une nouvelle ascension dans la prairie de Nesles.

Belle épreuve.

406 — Expérience de la machine aérostatique, de M. Mongolfier, au château de la Muette, le 21 novembre 1783.

Belle épreuve.

BALLONS (Pièces sur les)

407 — **Le Noir** (A Paris, chez). Expérience aérostatique faite à Versailles, le 19 septembre 1783, en présence de Leurs Majestés, de la famille royale et de plus de 130 milles spectateurs, par MM. de Montgolfier, avec un ballon de 57 pieds de hauteur, sur 41 de diamètre. Pièce en largeur animée d'un grand nombre de figures.

Superbe épreuve.

408 — Alarme générale des habitants de Gonesse, occasionnée par la chute du ballon aérostatique de M. de Montgolfier.

Très belle épreuve.

409 — **Moreau** (d'après J. M.). Seconds voyageurs aériens, ou Expérience de MM. Charles et Robert, faite à Paris, dans le parterre du jardin royal des Tuileries, le 1er décembre 1783, gravé par Prevost.

Très belle épreuve avec marge.

410 — **Sergent**. Expérience du globe aérostatique de MM. Charles et Robert, faite dans le jardin des Thuilleries, sur le bassin, *en face du château, le 1er décembre* 1783. — Mgr le duc de Chartres et M. le duc de Fitz-James signent le procès-verbal qui constate l'arrivée de MM. Charles et Robert, dans la prairie de Nesle. Deux pièces faisant pendant.

Superbes épreuves. Grandes marges.

BALTARD

410 bis. — Vue de la cour du Louvre, prise pendant l'Exposition des *produits de l'industrie française,* dans les jours complémentaires de l'an IX.

Très belle épreuve.

BASSET (A Paris chez)

411 — Vue de la procession des États-Généraux, à Versailles, le 4 mai 1789.

Très belle épreuve. Rare.

BASSET (A Paris chez)

412 — Vue de la procession des États-Généraux, à Versailles, le 4 mai 1789.

Très belle épreuve avec marge.

413 — Prise de la Bastille. Belle pièce en largeur, imprimée en bistre.

Très belle épreuve.

414 — Ordre du cortège pour la translation des mânes de Voltaire, le lundi, 11 juillet 1791.

Pièce coloriée. Très rare.

415 — Le Soleil au signe du capricorne : allégorie sur la liberté et les droits de l'homme.

Belle pièce coloriée. Rare.

416 — Charlotte Corday poignardant Marat dans son bain. Pièce en largeur, avec titre et vers en bas.

Très belle épreuve. Rare.

417 — La République. — La Victoire. Deux pièces en couleur faisant pendant.

Belles épreuves. Rares.

418 — Mlle Nationale allant voir l'exercice aux Champs-Élysées.

Jolie pièce avec costumes, coloriée.

419 — Le Mariage de Leurs Majestés Napoléon et Marie-Louise, célébré dans la chapelle dressée à cet effet dans le grand salon du Louvre. In-fol. en largeur.

Très belle épreuve.

420 — Le Premier et Incomparable Moulin à raser toutes les têtes à barbe et à cheveux coupés à la Chérubin et à la Titus, etc , — Tableau des vicissitudes humaines. Deux pièces satiriques in-fol. en largeur, coloriées.

Très belles épreuves avec marges. Rares.

421 — Rébus. Soixante-dix-huit sujets imprimés sur deux feuilles.

BELLA (Stephanus della)

422 — Le Reposoir. Belle pièce in-fol. en largeur.
Belle épreuve.

BERICOURT (D'après)

423 — Le Dîner du camp, gravé par Boissier l'aîné.
Belle épreuve. Marge.

BERTHAULT

424 — La Place de Louis XVI et la Salle d'Opéra proposées au Carrousel, en face des Thuileries.
Très belle épreuve. Marge.

BOILLY (D'après L.)

425 — Marche Incroyable, gravé par Bonnefoy.
Belle épreuve.

426 — La Cocarde nationale, gravé en couleur par Legrand.
Très belle épreuve.

427 — Le Porte-Drapeau de la fête civique, gravé par Copia.
Superbe épreuve avec la lettre, les noms d'artistes à la pointe, plus une épreuve avec la lettre. Deux pièces.

BOIZOT (D'après)

428 — La Raison. — La Liberté. Deux pièces gravées par Gautier et la citoyenne Demonchy.
Très belles épreuves.

BONNEVILLE (A Paris chez)

429 — Le Bastringue ou la Folie du jour. Pièce curieuse, gravée à l'eau-forte.
Très belle épreuve.

BONVALET (A Paris chez)

430 — Chasse patriotique à la grosse bête.
Deux gravures différentes du même sujet, dont une coloriée.

BOSIO ?

431 — Caricature sur la paix signée à Presbourg entre M. de Talleyrand et MM. les princes de Lichtenstein et de Guilay.

Belle épreuve.

BOURGEOIS (A Paris chez)

432 — Constitution de la France, allégorie sur le rappel de M. Necker.

Belle épreuve.

BRION

433 — Assassinat de J.-P. Marat, le 13 juillet 1793. On enlève le corps de Marat, et l'on voit, à gauche, Charlotte Corday arrêtée. In-fol. en largeur.

Très belle épreuve avec marges. Rare.

CAMPION

434 — Prise de la Bastille, gravé en couleur d'après Tetar.

Très belle épreuve.

CARICATURES

435 — Sujets tirés du bon genre. Quatorze pièces.

Très belles épreuves.

436 — Le Cache-Cache, d'après Bosio, par Schenker.

437 — *Le Suprême Bon Ton.* — La Bouillotte parisienne, — La Parisienne à Londres, — La Dame au bois de Vincennes, — Le Boulevard de Gand à Paris, — La Course des Montagnes russes à Paris, etc. Dix pièces de cette rare suite, en couleur.

Très belles épreuves.

438 — *Caricatures Parisiennes.* Le Goût du jour, — Musée grotesque, etc. Quatre pièces en couleur.

439 — *Caricatures Parisiennes. Garde à vous.* Le Sérail en boutique, — La Compagne officieuse, — La Pudeur trahie, — Le Traquenard, etc. Six pièces publiées chez Martinet, en couleur.

Très belles épreuves, une est avant la lettre.

CARICATURES

440 — Réunion de caricatures très curieuses sur Cambacérès, d'Aigrefeuille et de Villevielle.

Treize pièces en couleur. Rares.

441 — Le Grimacier de Tivoli, — Les Inconvénients des marchés de campagne, — Les Russes à Paris, — Les Oies du frère Philippe, — La Valse. Cinq pièces en couleur publiées chez divers éditeurs.

Rares.

442 — Encore des Originaux, — Le Jeu des Sages, — Le Portier, — Le Bain économique des Incroyables de la rue de la Tannerie, à quinze centimes, — Départ des Amateurs de l'île Saint-Ouen, — Encore de Originaux, — La Chûte dangereuse et le Désagrément des bretelles, — Marrons rôtis, — L'un soutient l'autre, etc. Dix pièces en couleur, publiées chez Martinet.

Rares.

443 — Café du jardin de Tivoli, publié chez Jean.

En couleur.

444 — Encore des Calicots, — La vaccine en voyage, — M. Calicot partant pour le combat des montagnes, — Les Décroteurs en boutique, — Le Marchand de Caméléons, — Les Étrangers au caffé Borel, — Le Gros Lot ou les Étrennes imprévues, — La Taverne anglaise, — Effets merveilleux des lacets, — La Rage de la Mode ou Milord Tripp chez un fabricant de corsets, — Les Malheurs de la Vaccine.

Douze pièces en couleur.

445 — Accident funeste arrivé à une vivandière dans le pays de Hanôvre, — Le Repas du chat, — Le Bon Genre de société, — Le Petit Bonhomme vit encore, — Le Prétexte, etc. Sept pièces en couleur.

446 — Colin-Court. Arrestation du duc d'Enghien, le 18 mars 1800. Caricature défendue par Napoléon, sous peine de mort, en couleur.

CARICATURES

447 — Caricatures publiées en 1815, sur Napoléon, Louis XVIII, le duc d'Angoulême et les souverains alliés. Quinze pièces en couleur.

448 — Le Phénix renaissant de ses cendres, — Expédition anglaise, — Journée du 13 avril, — Bertrand avec Raton, — Le Ventre, — Le Postulant, — Il ne faut pas se défaire de ses vieux habits... on ne sait pas ce qui peut arriver, — Le Restaurateur embarrassé, — Retour des Aristocrates de la course de Londres, — Ménagerie nationale, etc.

Treize pièces, caricatures politiques de la Révolution et de l'Empire. En couleur.

449 — Rira bien qui rira le dernier, — l'Enragé, ou l'Avocat des aristocrates, — M. Brûle-Bon-Sens, agent des émigrés, — La Girouette, — Ah Dieu ! le vent l'emporte.

Six pièces, caricatures politiques. En couleur.

450 — Caricatures politiques sur la Révolution de 1830, sur les Jésuites et la Restauration. Vingt-neuf pièces en noir et en couleur.

451 — Caricatures anglaises, par Rowlandson, Gillray, etc. Six pièces.

452 — Costumes militaires et caricatures diverses. Six pièces en couleur.

453 — Caricatures politiques, anglaises et françaises. Neuf pièces, dont deux en noir.

454 — Caricatures anglaises sur le roi Georges, sur Pitt, etc. Dix pièces.

455 — La Dernière Cuvée, — Le Geai dépouillé de ses plumes empruntées, — Le Sabot corse en pleine déroute, — A Clichy, — Le Volant corse, ou un Joli Joujou pour les Alliés, — Le Matériel perdu, — Ah ! le diable de Marais, — L'Entrée du Pape à Meleck, ou le Transport du Saint-Siège de Rome en Allemagne. Sept pièces en couleur. Caricatures sur Bonaparte, le pape et le roi d'Angleterre.

CARICATURES

456 — Caricatures politiques sur la déclaration de la République hollandaise. Suite de vingt pièces à la sanguine, avec texte, en un vol. in-4.

CHAPUY (J.-B.)

457 — Plan de la Bastille. In-fol. en couleur, avec légende en bas; en haut, un caquet, sur lequel on lit : Offert au représentant du peuple Barras, l'An III de la République française.

Très belle épreuve. Marge.

CHATAIGNIER ET DENON

458 — Huissier du Directoire exécutif, — Habit civil du citoyen français, — Costume des membres de l'Institut, — Costumes des sous-préfets, — Habit militaire, — Costume des ministres, — Secrétaire du Directoire exécutif, — Costume des membres du Directoire, — Messager d'État, — Le Législateur en fonction, — Officier municipal avec l'écharpe, etc. Quatorze pièces en couleur.

Très belles épreuves; les costumes, gravés par Denon, sont d'après les dessins de David.

CHEREAU (A Paris chez)

459 — Les Travaux du Champ-de-Mars, pour la fête de la Fédération. Les nobles et religieux y travaillent. Deux compositions différentes, avec légendes et refrains patriotiques, en couleur.

Belles épreuves, avec marges.

460 — Cérémonie de l'ordre et la marche de la publication de la paix devant l'Hôtel-de-Ville et dans les principales places de la ville de Paris.

Belle épreuve, coloriée.

CHOFFARD (P. P.)

461 — Vue des eaux de Brunoy, d'après Gravelot.

Belle épreuve.

COCHIN (D'après C. N.)

462 — Vue perspective de l'illumination de la rue de la Ferronnerie, à l'occasion du mariage de Madame première de France et de Dom Philippe II, infant d'Espagne.

Très belle épreuve. Marge.

463 — Le jeu du roi dans la grande galerie de Versailles à l'occasion du mariage du Dauphin, 1745.

Très belle épreuve avant la lettre, d'une planche non terminée.

464 — Hommage des arts, prix d'émulation de 1793, donné aux citoyennes aux concours, par les citoyennes Hurard à Rouen, gravé par Prevost.

Très belle épreuve avec marge.

465 — Frontispice de l'encyclopédie, gravé par B. L. Prévost.

Très belle épreuve. Marge.

COPIA

466 — Marat tel qu'il était au moment de sa mort, d'après David. En bas cette légende : Ne pouvant me corrompre, ils m'ont assassiné.

Très belle épreuve, accompagnée du fac-similé de la lettre écrite par Marat après avoir été frappé dans son bain, et adressée au citoyen Gusman.

COSTUMES

467 — Collection des drapeaux de la garde nationale parisienne, pendant la première république. Suite de quarante pièces en couleur.

Superbes épreuves avec grandes marges, plusieurs sont avec les inscriptions manuscrites. Rares.

CREPY (A Paris chez)

468 — La journée à jamais mémorable aux Français, où Louis XVI, restaurateur de la liberté française, se rendit à l'hôtel de ville, le 17 du mois de juillet 1789. La scène représente l'arrivée du roi, sur la place de l'Hôtel-de-Ville. Pièce imprimée en bistre.

Très belle épreuve. Rare.

CROISIER (Marie-Anne)

469 — L'heureuse administration. Allégorie sur l'administration des finances sous le ministère de monsieur Necker, où sont représentés les portraits en bustes du roi et de son ministre. In-fol.

Belle épreuve.

DARCIS

470 — La France républicaine. — La Raison. Deux pièces faisant pendant.

Très belles épreuves avec marges.

DEBUCOURT (P. L.)

471 — Calendrier républicain pour l'an II, 1793, avec les indications de : Raisin, Safran, etc.

Très belle épreuve. Rare.

472 — Liberté. — Égalité. Deux pièces faisant pendant.

Très belles épreuves. Rares.

473 — Le Carnaval.

Très belle épreuve en couleur.

474 — Les Courses du matin ou la porte d'un riche. 1805.

Très belle épreuve en couleur. Remargée.

475 — La Coquette et ses filles, ou une mère à la mode.

Superbe épreuve en couleur.

476 — La femme et le mari, ou les époux à la mode.

Très belle épreuve en couleur.

477 — Les galants surannés, ou les petits papas à la mode.

Très belle épreuve en couleur.

478 — L'orange, ou le moderne jugement de Pâris.

Très belle épreuve. Marge.

479 — Les Visites.

Très belle épreuve.

DEBUCOURT (P. L.)

480 — Le mari n'y voit pas assez. — La femme y voit trop. Deux pièces faisant pendant.
Belles épreuves. Sans marges.

481 — Le coiffeur. — Le tailleur. Deux pièces faisant pendant.
Superbes épreuves. Grandes marges.

482 — Que vas-tu faire? — Qu'as-tu fait? Deux très jolies pièces ovales, faisant pendant.
Très belles épreuves en couleur. Rares.

483 — Le marchand de galette. — Le café ambulant. Deux pièces faisant pendant.
Très belles épreuves.

484 — L'enfant soldat, ou les amusements de famille.
Très belle épreuve. Marge.

485 — Le bouquet d'une maman. 1806.
Très belle épreuve.

486 — Minet aux aguets.
Très belle épreuve avec marge.

487 — La rose mal défendue.
Très belle épreuve. Marge du cuivre.

488 — Le gourmand. In-8 de forme ronde.
Belle épreuve avec marges.

489 — Goûter des Anglais. En couleur.
Très belle épreuve.

490 — Promenade au bois de Vincennes. En couleur.
Très belle épreuve.

491 — Joly, acteur du Vaudeville, il cause avec lui-même. En couleur.
Belle épreuve.

492 — Barrière de Bercy, d'après Palaiseaux.
Belle épreuve.

DEBUCOURT (P. L.)

493 — Les joueurs de boules, d'après C. Vernet. En couleur.
Superbe épreuve. Grande marge.

494 — Retour des champs, d'après Vernet. En couleur.
Très belle épreuve. Marge.

495 — Route du marché, d'après C. Vernet. En couleur.
Très belle épreuve.

496 — Le jour de barbe d'un charbonnier, gravé en couleur d'après Vernet.
Superbe épreuve. Marge.

497 — La marchande d'Eau-de-vie, d'après Vernet. En couleur.
Très belle épreuve. Marge.

498 — La marchande de saucisses. — La marchande de coco. Deux pièces en couleur, d'après Vernet.
Belles épreuves.

499 — La toilette d'un clerc de procureur, d'après Vernet.
Très belle épreuve en couleur. Marge.

500 — Les amateurs de plafonds au salon, d'après Vernet.
Très belle épreuve en couleur. Marge.

501 — Promenade anglaise, d'après C. Vernet. En couleur.
Très belle épreuve. Marge.

502 — Le Cosaque galant, d'après C. Vernet. En couleur.
Belle épreuve.

503 — Anglais en habit habillé, d'après Vernet. En couleur.
Très belle épreuve. Marge.

504 — Artilleur et chasseur anglais. — Rencontre d'officiers anglais. — Lancier et grenadier de la garde royale. Trois pièces en couleur, d'après Vernet.
Belles épreuves.

DEBUCOURT (P. L.)

505 — Mameluck porte-étendard. — Officiers prussiens. — Houssard français. — Uhlan prussien. — Houssard autrichien. — Cuirassier prussien. Six pièces gravées en couleur, d'après Vernet.

Très belles épreuves. Marges.

DEBUCOURT?

506 — Montgolfière lancée à Tivoli, le 15 thermidor. — Café du Jardin des Tuileries. Deux pièces en couleur, très curieuses pour les costumes de cette époque (1800).

Très belles épreuves. Rares.

DEBUCOURT ET COMMARIEUX

507 — Les gastronomes sans argent. — Les gastronomes affamés. Deux pièces faisant pendant. La première d'après Vernet.

Très belles épreuves.

DENON

508 — Le serment du Jeu de Paume, gravé à l'eau-forte d'après David.

Très belle et rare épreuve avant la lettre.

DEPEUILLE (A Paris chez)

509 — Ils ont été, ils sont et ils seront. Pièce très curieuse sur les costumes d'hommes, depuis le XIVe siècle jusqu'en 1800. En couleur.

Très belle épreuve. Rare.

DESCOURTIS

510 — Séance du Corps législatif à l'Orangerie de Saint-Cloud. Apparition de Bonaparte et Journée libératrice du 18 brumaire, an VIII.

Très belle épreuve.

DESRAIS (D'après C. L.)

511 — Tableau des droits de l'homme, avec figures allégoriques; de chaque côté, les portraits de Marat et Le Pelletier, gravé par Blanchard.

Belle épreuve. Rare.

512 — Ce que j'étais, — Ce que je suis, — Ce que je devrais être. Deux pièces avec le même titre, faisant pendant.

Très belles épreuves.

513 — Vue de la grande parade passée par le premier consul dans la cour du palais des Thuileries; gravé par Le Beau.

Belle épreuve.

514 — La Colonnade. Petite pièce en largeur, très curieuse pour les costumes.

Belle épreuve.

515 — Citoyens de l'univers, la bienfaisance les unit tous d'un pôle à l'autre. Allégorie publiée en mémoire des secours donnés aux malheureux par les F. F. Maçons, pendant le rigoureux hiver de l'année 1789. — Généreux dévouement des gardes nationales parisiennes au service de la patrie. Deux pièces gravées par J. B. Louvion.

Très belles épreuves.

516 — Les mêmes estampes.

Très belles épreuves.

DESRAIS ? (D'après)

517 — L'indisposition d'une jolie femme à l'issue du bal. Pièce curieuse, représentant Mme Récamier couchée sur un lit et recevant des visites.

Très belle épreuve. Rare.

DEVOGE

518 — François Oudot, habitant des Varennes, vicomte d'Auxonne, ou l'Homme aux miracles (août 1760). Pièce gravée à l'eau-forte.

Belle épreuve.

DIVERS

519 — Cupidon, tambour-major national, — Retraite de M. Necker, en juin 1781, — Le Bonheur du monde, etc., cinq pièces.

520 — Lequel faut-il donner, — Médaille pour l'anniversaire du 14 juillet 1789. — Liberté, — Désespoir des pensionnaires, — Les Impayables au Péron, etc. Dix pièces par divers artistes.

521 — Vue du Champ de Mars, le XIV juillet 1790. — Bataille d'Austerlitz, campagnes d'Italie, — Paysages et sujets divers. Dix-huit pièces, par Duplessis-Bertaux, Girardet et autres.

Très belles épreuves, dont dix à l'état d'eau-forte.

522 — Arrière-garde du Pape, ou la Frayeur du révérend père Caporal, — Le Vampire, — Rue Vide-Gousset, — Combat de la frégate française la *Surveillante*, contre la frégate anglaise le *Québec*, etc. Quatre pièces.

523 — Entrée à Paris de S. A. R. Mgr le duc d'Angoulême, — Campagnes d'Italie, — La Place Louis XV, — Eglise royale des Invalides, — Plans de la ville de Metz. Sept pièces, par Charpentier, Poisson, Lafitte et Duplessis-Bertaux.

Belles épreuves.

524 — Le Colporteur génevois, — L'huître d'honneur d'Arras gobbée, — La Coalition, — Allégorie sur le rappel de M. Necker. Quatre pièces, dont une avant la lettre.

525 — Heureux fruit d'un auguste hymen — Cours complet d'éducation du XIXe siècle, — Napoléon acceptant la couronne d'Italie, — L'Enfant du régiment, — L'Entrée des alliés à Paris, — Déjeuner de la France. Sept pièces, dont cinq en couleur.

526 — Le Garde national revenant des frontières cocu, battu et content, — Le Bon Sans-culotte, Madame Sans-culotte, — Constitution de la République, — La Catastrophe, — Drapeaux de la garde nationale parisienne, etc. Dix-sept pièces en noir et en couleur.

DIVERS

527 — La honte du forfait n'est que pour le coupable, (Allégorie sur les frères Agasse), — La Force, — La Victoire parcourant la République. — Règne de la loi, etc. Cinq pièces par Godefroy, Darcis et autres.

Très belles épreuves, dont une à l'eau-forte.

528 — Les Poulles aux guinées, — Remontrances du Parlement au Roi, contre le schisme, etc. Six pièces, par Godefroy, Walke, N. Lemire, etc.

529 — Hier, — Aujourd'hui, — Le temps passé n'est plus, — L'Enfant chéri, — Le Guet allemand, etc. Douze pièces.

530 — La Fête à la Grand-maman, — La Bravoure récompensée, — Frontispice allégorique pour un livre in-fol. Trois pièces, d'après Cochin, Caresme, etc.

Très belles épreuves, dont deux avant la lettre.

531 — Le Relèvement du Royal Louis, — Le Club de Salm, La Chute du ministère Linotte, — Les travaux inutiles, — Les Voyageurs de nuit, — Sire, nous fermons, — Le vrai Terroriste, le vrai buveur de sang, — Discours des sans-culotte à l'Assemblée, etc., etc. Vingt et une pièces.

532 — La liberté, l'égalité, l'indivisibilité, la loi. — Chasseur à cheval de La Rochejaquelein, — Les Maux de la constitution dans le parlement, — Le Roi piochant au Champ de Mars, — Exercice des droits de l'homme et du citoyen français, — Le Bal des despotes ennemis des Français, — La Vertu récompensée, etc., etc. Vingt-et-~~une~~ pièces.

533 — Vignettes, d'après Boucher, Moreau, Marillier, Queverdo, Duplessis-Bertaux, Canu, etc., relatives à la Révolution française. Trente-quatre pièces.

DUMONT (D'après)

534 — Projet d'établissement de secours en cas d'incendie dans les théâtres, gravé par J. B. Tilliard, avec légende en bas du sujet.

Belle épreuve.

DUPLESSIS (A Paris chez)

535 — Calendrier perpétuel, pour cent années, de 1763 à 1864. In-fol. sur carton.

DUPLESSIS

536 — La Suppression des moines et religieuses ordonnée par l'empereur Joseph II, dans ses Etats héréditaires d'Allemagne et de Hongrie, et exécutée en l'année 1782. Grande pièce en largeur.

Très belle épreuve.

DUPLESSIS-BERTAUX

537 — **Elleviou aux Champs-Élysées.**

Très rare épreuve à l'état d'eau-forte, avant les arbres et maisons dans le fond.

538 — **La même estampe.**

Très belle épreuve, aussi à l'eau-forte, mais avec les arbres et les maisons dans le fond, avec la légende.

539 — Campagnes d'Italie du général Bonaparte, — Scènes des tableaux de la Révolution, — Les Batailles d'Alexandre, — Paysages, etc. Quarante pièces.

Très rares épreuves à l'état d'eau-forte.

540 — Grétry conduit aux Champs-Elysées, dans la barque à Caron, d'après Joly.

Belle épreuve. Rare.

DUPLESSIS-BERTAUX ?

541 — Les Chevaliers du poignard, désarmés par ordre du roi, au château des Tuileries, le 28 février 1791. Belle pièce en largeur, gravée à l'eau-forte.

Superbe épreuve avant toutes lettres. Très rare.

542 — Vue du Champ de Mars, le jour de la fête de la fédération. Les troupes *défilant sur le pont de bateaux* exécuté pour cette fête.

Pièce rare à l'état d'eau-forte.

DUPLESSIS-BERTAUX, GIRARDET, MEUNIER, etc.
(D'après)

543 — S. A. R. le comte d'Artois, sortant de la Cour des aides de Paris, le 17 août 1787, — Publication de la loi martiale au Champ de Mars, le 17 juillet 1791, — Mannequin du Pape, brûlé au Palais-Royal, le 6 avril 1791, — Travaux du Champ de Mars, pour la fédération du 14 juillet, etc., etc. Quatorze pièces tirées des tableaux de la Révolution française.

Superbes épreuves avant la lettre.

544 — Tableaux de la Révolution française et campagnes d'Italie. Cent cinquante-deux pièces.

FISCHER

545 — Boutique de tabac et de loterie. In-fol. en couleur.

Très belle épreuve. Marge.

FORTIER

546 — Les Galeries du Palais-Royal. Petite pièce gravée avec cette légende : Veux-tu monter, mon bel homme ?... Je suis bien aimable, bien complaisante...

Belle épreuve.

FRAGONARD (FILS, d'après)

547 — Liberté, — Égalité. Deux pièces faisant pendant, gravées par Allais.

Très belles épreuves.

GARNERAY (D'après L.)

548 — Promenades aériennes, — Jardin Beaujon, gravé par Lerouge.

Belle épreuve.

GERMAIN (P. F.)

549 — Siège de la Bastille, le 14 juillet 1789 : en bas, comme armoiries, le plan de la forteresse.

Très belle épreuve d'une pièce très rare.

GIRARDET

550 — Vue de l'assemblée du Champ de Mai, au moment de la présentation des drapeaux.

Très rare épreuve à l'état d'eau-forte. Marge, plus une épreuve avec la lettre.

551 — Pacte fédératif des Français, le 14 juillet 1790.

Très belle épreuve. Marge.

552 — Vue du Champ de Mars, le XIV juillet 1790. Entrée de l'Assemblée nationale et des députés à la Confédération générale.

Belle épreuve.

GIRARDET ET MEUNIER (D'après)

552 *bis*. — Assemblée des États généraux. Deux compositions différentes, gravées par Niquet.

Belles épreuves avant la lettre.

GUERAIN (D'après)

553 — Le Trente-un, ou la Maison de prêt sur nantissement, gravé par L. Darcis.

Belle épreuve.

GUERARD (N.)

554 — Vue de la place des Victoires, où M. le mareschal, duc de La Feuillade, a dressé un monument public à la gloire de Louis le Grand. In-fol. en largeur.

Belle épreuve.

GUYOT

555 — Première attaque du premier pont-levis de la Bastille, — Vue prise du second pont-levis de la Bastille, — Vue du jardin de la Bastille, — Démolition de la Bastille. Suite de quatre pièces de formes ovales, gravées en couleur.

Superbes épreuves. Rares.

556 — Le Prince Lambesc aux Tuileries, — La Prise de la Bastille. Deux pièces de forme ovale.

Très belles épreuves; une est en bistre et l'autre en couleur.

HARRIET (D'après F. J.)

557 — Le Thé parisien, suprême bon ton au commencement du xixe siècle, gravé par A. Godefroy.

Très belle épreuve.

HOIN

558 — Apothéose d'Honoré Gabriel-Riquetti, ci-devant comte de Mirabeau.

Belle épreuve avec marge.

HUAULT (P.)

559 — Emblème de la monarchie, 1775. Allégorie dédiée à Mgr le comte de Maurepas.

Pièce rare.

HUET (D'après J. B.)

560 — Départ pour le siège de la Bastille, gravé en couleur, par Bonnet.

Belle épreuve.

INCROYABLES

561 — L'Anglomane, par Darcis, d'après Vernet.

Belle épreuve.

562 — La science du jour.

Très belle épreuve.

563 — Les Merveilleuses, par Darcis, d'après Vernet.

Belle épreuve.

564 — L'Anarchiste. Je les trompe tous deux, gravé par Petit.

Très belle épreuve.

565 — Les Croyables au Péron, gravé par Tresca.

Très belle épreuve.

566 — La Danse incroyable. — Ah, beaucoup vous critiquent, mais peu vous imitent, etc. Trois pièces.

Belles épreuves, dont une en couleur.

567 — Les Croyables actifs du Palais ci-devant Royal.

Très belle épreuve.

INCROYABLES

568 — Départ des remplacés, ou tableau de la France en floréal.

Très belle épreuve en couleur. Marge.

569 — Faites la paix, par Levilly.

Belle épreuve.

570 — L'Inconvénient des perruques, gravé par Darcis, d'après Vernet.

Très belle épreuve. Marge.

571 — La Pièce curieuse, par Darcis, d'après Boilly.

Très belle épreuve.

572 — Les Merveilleuses, gravé par Darcis, d'après C. Vernet.

Belle épreuve en couleur.

573 — L'Oracle consulté, gravé par Guyard.

Très belle épreuve. Marge.

574 — Les Croyables au tripot.

Très belle épreuve.

575 — Les Payables, par Darcis.

Superbe épreuve. Marge.

576 — La Rencontre des Incroyables, gravé par Ruotte.

Superbe épreuve. Grande marge.

JANINET (F.)

577 — Prise de la Bastille par les gardes françaises et les bourgeois de Paris, le mardi 14 juillet 1789. — Autre pièce sur le même sujet, dessinée et gravée d'après nature par G. Deux pièces.

Très belles épreuves. Rares.

578 — Égalité, in-fol. d'après Moitte.

Très belle épreuve. Rare.

JANINET (F.)?

579 — Principaux événements de la Révolution, suite de onze pièces en hauteur gravées à la manière noire.

Très belles épreuves. Rares.

JAZET

580 — Bivouac des Cosaques aux Champs-Elysées, à Paris, le 31 mars 1814. d'après Sauerweid, en couleur.

Superbe épreuve avec marge.

581 — Le Serment du Jeu de Paume, d'après David, grand in fol. en largeur.

Belle épreuve avant la lettre. Marge.

JEAN (A Paris chez)

582 — Degrés des Ages. Le cours de la vie de l'homme, ou l'homme dans les divers passages de son existence, depuis son entrée dans le monde jusqu'au moment de sa disparition.

Grande et belle pièce coloriée, avec grande marge.

583 — Le Jeu de Loto. Quine!!!! Pièce en couleur. Rare.

Rare.

JEUX (Pièces sur les)

584 — Nouveau jeu brûlant des cris de Paris, des faubourgs et environs, en forme de jeu de l'Oye,

Pièce curieuse pour *les Costumes*, publié chez Basset.

585 — Nouveau jeu des théâtres, de Melpomène, Momus et Thalie. Pièce curieuse pour les costumes.]

Rare.

586 — Le jeu des monuments de Paris. Grande pièce en forme de jeu de l'Oye.

Belle épreuve.

587 — Grande feuille représentant les principaux travaux des Acrobates, avec les noms de chacun des travaux; en bas cette inscription : Alexandre Tercis.

Belle épreuve. Rare.

LE BARBIER (L'AINÉ, d'après)

588 — Monument projeté à la gloire de J. J. Rousseau, gravé par Née.

Très belle épreuve. Marge.

LE CŒUR?

589 — Barrière des Champs-Elysée. Premier May, donné à la ville de Paris par l'Assemblée Nationale, qui supprime tous les droits d'entrée aux barrières. Belle pièce en couleur.

Très belle épreuve. Rare.

LE VACHEZ

590 — Vue intérieure du nouveau cirque du Palais-Royal et des ambassadeurs du Nabab-Tipou, présentés au Roi en une audience publique tenue à Versailles le 10 août 1788.

Très belle épreuve. Rare.

591 — Napoléon premier, Empereur des français, Roi d'Italie et protecteur de la Confédération du Rhin, représenté à cheval suivi de son état-major. Gravé en couleur d'après Vernet.

Très belle épreuve.

LŒILLET

592 — Entrée solennelle de S. M. Charles X, Roi de France et de Navarre, dans Paris, après la cérémonie du sacre.

Très belle lithographie, publiée en 1825.

LONGUEIL (J. DE)

593 — Vue du décintrement du pont de Neuilly fait en présence du Roi, le 22 septembre 1772, d'après J.-F. de Saint-Far.

Belle épreuve avec l'encadrement et avant la réduction de la planche.

LOUVION (J.-B.)

594 — Bonaparte, premier consul de la République française, en buste dans un médaillon posé sur une colonne et soutenu par Minerve. In-fol.

Belle épreuve.

MACHY (D'après de)

595 — Inauguration de la statue de Louis XV, sur la place du même nom, grande pièce en largeur animée d'un grand nombre de figures, gravée par J. Deny, f^me de Monchy.

Superbe épreuve avant la lettre.

MAINA (G.)

596 — Allégorie sur l'empereur Napoléon, pièce de forme ronde avec calendrier pour l'année 1813, publiée en Italie.

Belle épreuve.

MALLET (D'après J. B.)

597 — Les Adieux du soldat à sa fiancée. Gravé par Guyard.

Belle épreuve.

MARLÉ

598 — Pie VII visitant l'institution des Sourds et Muets, le samedi 23 février 1805.

Belle épreuve.

MARTINET (A Paris chez)

599 — Pitt jouant des Marionettes, ou les Anglo-Napolitanos ambulans.

Pièce coloriée. Rare.

600 — Antichambre d'un grand seigneur, caricature coloriée.

MARTINI

601 — Coup d'œil exact de l'arrangement des peintures au salon du Louvre en 1785. — Exposition au Salon du Louvre en 1787. Deux pièces.

Belles épreuves.

MASQUELIER?

602 — Triomphe de Rameau. — Mort de Pouple, chirurgien de M. de Voltaire. Deux pièces faisant pendant.

Belles épreuves, une à la bordure coupée.

MERCHÉ (graveur à Lille)

603 — Noble course des chevaux exécutée par le sieur Balp, écuyer français privilégié du Roi. 60 médaillons sur une même feuille représentant ses différents exercices.

Rare.

MEUNIER (D'après)

604 — Le XIV juillet 1790, fédération des Français, vue gravée par Giraud, sous la direction de Ponce.

Belle épreuve. Marge.

MEUSNIER ET GAUCHÉ

605 — Plan général du champ de Mars, et du nouveau cirque, où la Nation française a prêté le serment fédératif sur l'autel de la Patrie, le 14 juillet 1790, jour de l'anniversaire de la prise de la Bastille. En couleur.

Belle épreuve.

MONNET (D'après)

606 — Paix rendue à l'Europe en mil sept cent soixante trois, et publiée à Paris le 21 juin même année, allégorie. Gravé par Tilliard.

Belle épreuve.

607 — Liste de Messieurs les députés à l'Assemblée nationale, législature de 1789 à 1790. En bas, la vue d'une séance de l'Assemblée, gravé par Godefroy.

Belle épreuve. Rare.

608 — Les principales journées de la Révolution. Suites de quatorze estampes gravées par Helman.

Superbes et rares épreuves avant la lettre. Toutes marges.

MONSALDY

609 — Le triomphe des armées françaises. Pièce curieuse représentant des officiers généraux français soutenant des cartes où sont représentées les conquêtes de la France.

Très belle épreuve.

MOREAU (D'après L. G.)

610 — Vue du Pont de Neuilly, près Paris. gravé par E. Saugrain, sous la direction de Moreau.

Très belle épreuve. Marge.

611 — Vue des environs de Paris, gravé par Élise Saugrain, élève de Moreau.

Belle épreuve.

MOREAU (J. M.)

612 — Décoration du sacre de Louis XVI, roi de France et de Navarre, à Reims, le 11 juin 1775.

Très belle épreuve.

613 — Ouverture des États généraux à Versailles, le 5 mai 1789. — Constitution de l'Assemblée nationale et serment des députés qui la composent, à Versailles, le 17 juin 1789. Deux pièces faisant pendants.

Très belles épreuves du 1er état, avec les noms des personnages composant ces deux assemblées, dans le bas de la gravure.

614 — Tombeau de J.-J. Rousseau à Ermenonville.

Très rare épreuve à l'état d'eau-forte. Sans marge.

MOREAU (D'après J. M.)

615 — Le Curtius français ou la mort du chevalier d'Assas, gravé par J.-B. Simonet.

Superbe épreuve avant la lettre. Marge.

616 — Le Gâteau des Rois, gravé par Lemire.

Belle épreuve.

NAUDET (D'après)

617 — Le Serail parisien ou le bon ton de 1802, gravé par Blanchard.

Superbe épreuve. Marge.

NÉE et MASQUELIER

618 — Les Garants de la félicité publique, d'après Saint-Quentin. Pièce publiée lors de l'avènement au trône de la reine Marie-Antoinette et de Louis XVI.

Superbe épreuve avant la lettre.

619 — La même estampe.

Très belle épreuve.

620 — Les vœux du peuple confirmés par la religion, d'après Monet. Pièce in-fol., où la reine Marie-Antoinette et le roi Louis XVI sont représentés en grand costume, au milieu de figures allégoriques et personnages de la cour. Estampe publiée à l'occasion du sacre de Louis XVI en 1775.

Belle épreuve.

NÉE TE MASQUELIER

621 — La même estampe.

Rare épreuve avec le premier titre et les armes effacées, et remplacées par ce titre : le Sacre de Louis XVI, estampe allégorique.

NODET (D'après)

622 — Vue de la grande parade par l'Empereur dans la cour du palais des Tuileries, gravé par Legrand.

Belle épreuve.

623 — Entrée de S. M. Napoléon Ier, empereur des Français et roi d'Italie, dans Berlin, ville capitale de l'électorat de Brandebourg, le 27 octobre 1806, gravé par Le Beau.

Très belle épreuve.

624 — Vie de Bonaparte, premier consul de la République française. Vingt-quatre médaillons sur une même planche, représentant les principaux faits de la vie du premier consul, gravé par Le Beau.

Belle épreuve.

625 — Le grand voltige sur les chevaux au cirque Franconi. En couleur.

Pièce rare.

NOEL (A Paris chez)

626 — Folies du Carnaval.

Très belle épreuve.

PANSERON

627 — Vue perspective du portail de la nouvelle église de Sainte-Geneviève, patronne de Paris. Gravé à l'eau-forte.

Très belle épreuve. Rare.

PARVILLÉE (A Paris, maison de M.)

628 — Intérieur du cabaret de Ramponaux; en bas comme armoiries, son portrait.

Très belle épreuve.

PATAS (A Paris chez)

629 — Ouverture des États généraux à Versailles, le 5 mai 1789. Pièce gravée en bistre.

Très belle épreuve. Rare.

PERELLE (G.)

630 — La Prise et deffaicte et prise générale des chats d'Espaigne par les rats français devant la ville et cité d'Arras. Deux pièces allégoriques sur le même sujet.

Très belles épreuves. Rares.

PICART (B.)

631 — Monument consacré à la postérité, en mémoire de la folie incroyable de la vingtième année du XVIIIe siècle. Pièce critique sur la banque de Law.

Belle épreuve.

PILLEMENT (D'après)

632 — Tombeau de J.-P. Marat, gravé par Née.

Très rare épreuve à l'état d'eau-forte, plus une épreuve avec la lettre. Deux pièces.

PILLOT (A Paris chez)

633 — Bombe nationale. Pièce en couleur.

Très belle épreuve avec marge.

POIRIER (D'après)

634 — Les formes acerbes. Pièce allégorique, représentant le janissaire Joseph Le Bon d'Arras, sous la forme d'un monstre, posté entre les deux guillotines d'Arras et de Cambrai, gravé à l'eau-forte.

Très belle épreuve. Marge.

POTRELLE (A Paris chez)

635 — Bulles du XVIIIe siècle.

Pièce coloriée. Rare, avec marge.

PRUD'HON (D'après P. P.)

636 — Constitution française, gravé par Copia.

Superbe épreuve avec les noms des artistes à la pointe.

QUEVERDO

637 — Nouveau calendrier de la République française, pour la deuxième année, 1793, en deux feuilles. Sur la première feuille, les portraits de Chalier et de Barra ; sur la deuxième ceux de Lepelletier Saint-Fargeau et Marat. A la place des saints de l'année, on lit : Raisin, safran, âne, dindon, chien, chat, chèvre, etc. In-fol.

Très belles épreuves. Rares.

SABLET (D'après)

638 — Le maréchal ferrant de la Vendée, gravé par Copia.

Très rare épreuve à l'état d'eau-forte.

639 — La même estampe.

Superbe épreuve avant la lettre, les noms d'artistes à la pointe. Marge.

640 — La même estampe.

Très belle épreuve. Marge.

SCHIAVONETTI

641 — Charlotte Corday poignardant Marat sur un canapé, d'après Pellegrini. Cette pièce ayant été exécutée en Angleterre, la pruderie anglaise n'admettait pas que le meurtre eût lieu dans un bain.

Très belle épreuve. Rare.

SELLIER (F. N.)

642 — Projet d'un monument pour consacrer la Révolution, d'après Gatteaux.

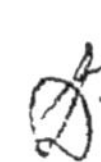

Très rare épreuve à l'état d'eau-forte, plus une épreuve avec la lettre. Deux pièces.

SERGENT

643 — Travaux du champ de Mars, pour la confédération du 14 juillet 1790, par les citoyens de Paris, Louis XVI y travailla le 9. (On le voit à la gauche de l'estampe.)

Très belle épreuve. Rare.

SERGENT (A Paris chez)

644 — Le bonheur imprévu (bienfaisance du duc d'Orléans), gravé au bistre par Suzanne C. 1788.

Belle épreuve.

SOMBRET

645 — Assassinat de Collot-d'Herbois. Pièce in-fol. en largeur, gravée à la manière noire et imprimée en vert.

Superbe épreuve avec grande marge. Rare.

646 — Mort héroïque du jeune Barra. En couleur.

Belle épreuve.

SWEBACH (D'après)

647 — Pillage d'une église; sur le devant, les pillards en procession, revêtus des habillements religieux et portant les vases sacrés, gravé par Lebert.

Très belle épreuve avant la lettre. Marge.

TARDIEU

648 — Almanach royal de cabinet, dédié à la ville de Paris pour l'année 1755; d'après Rœtiers.

Belle épreuve. Rare.

THOMASSIN (S.)

649 — La Peste dans la ville de Marseille en 1720. Grande pièce in-fol. en largeur, d'après J.-B. de Troy.

Très belle épreuve.

VANACKERE (A Lille chez)

650 — Calendrier impérial pour l'an 1809, avec les empreintes d'or et d'argent, gravé sur bois.

Rare.

VERNET (D'après C.)

651 — Oh! c'est bien ça, gravé en couleur par Levachez.

Très belle épreuve.

652 — La même composition, gravée en couleur, de format in-4°.

Belle épreuve. Rare.

VERNET (D'après C.)

653 — Les Ennuyés chez eux (Intérieur du café Procope), gravé par Coqueret. En couleur.

Très belle épreuve avant toutes lettres. Marge.

654 — Congé absolu que l'on délivrait aux citoyens ayant fini leur service militaire, gravé par Godefroy.

655 — Fête de Virgile à Mantoue, le 24 vendémiaire an VI, gravé à l'eau-forte par Malbeste et terminé par Niquet.

Superbe épreuve avant la lettre.

656 — La même estampe.

Très belle épreuve. Grandes marges.

657 — La même estampe.

Très rare épreuve à l'état d'eau-forte, avant les fonds, avant le buste du poète sur le piédestal, et avant la colonne.

658 — Un cheval de course. In-fol. en couleur.

Belle épreuve.

VILLENEUVE (A Paris chez)

659 — Journée du 10 août 1792, dédié aux braves Sans-culottes.

Belle épreuve. Rare.

VINCENT (D'après)

660 — Ah ! s'il y voyait. En couleur, par Commarieux.

Très belle épreuve.

VINKELES (R.)

661 — Fête de la Liberté, célébrée à l'occasion de l'inauguration de l'Arbre de la Liberté, à Amsterdam, à la place de la Révolution, le 4 mars 1795.

Superbe et rare épreuve à l'état d'eau-forte. Toute marge.

662 — La même estampe.

Très belle épreuve. Toute marge.

VINKELES (R.)

663 — Fête de l'Alliance entre les Républiques française et Batave, célébrée à Amsterdam le 19 juin 1795, d'après Kuyper.

Superbe épreuve à l'état d'eau-forte. Toute marge.

664 — La même estampe.

Superbe épreuve terminée avant la lettre. Toute marge.

VUES DE PARIS ET CHATEAUX DE FRANCE

665 — **Anonyme.** — Vue de la prison des Magdelonnettes, devenue maison d'arrêt sous la tirannie de Robespierre, l'an 1794, deuxième de la République française. Pièce rare.

Très belle épreuve.

666 — Vue du parc de Versailles; sur le devant des seigneurs et dames de la cour; en couleur.

667 — **Aveline.** — Vue des Tuilleries et du jardin comme il est à présent. — Vue et perspective de la place Louis le Grand. — L'Hostel de Ville de Paris. — Vue et perspective en général du chateau royal de Vincennes. — Vue du château de Meudon, du côté de l'entrée, cinq pièces.

Très belles épreuves.

668 — **Bella.** — La perspective du Pont-Neuf de Paris.

Belle et ancienne épreuve.

669 — **Brauh** (J. U.). — Vues de Versailles. Suite de quarantepièces dont un titre.

Belles épreuves.

670 — **Callot** (J.) La tour de Nesles et la tour du Louvre. Deux pièces faisant pendants.

Belles épreuves.

671 — **Carmontelle** (L. C. de, d'après), — Vues du jardin de Monceaux, Suite de dix-huit pièces gravées par Couché,

Le Rcy, Deni, Michel, Michault, Croutelle, Colibon, Lépine, Lesueur, Legrand.

Superbes épreuves.

672 — **Champin** et **Lerouge.** Nouveau plan des Jardins de Sceaux Penthièvre. — Plan de Nancy, avec les changements que le roy de Pologne, duc de Lorraine et de Bar, y a faits. Deux pièces.

673 — **Chastillon** (Cl.). — L'admirable dessin de la porte et place de France avec ses rues commencée à construire es marestx du temple à Paris, durant le règne de Henri le Grand, quatrième du nom, roy de France et de Navarre, l'an de grâce mil six cens et dix, par Claude Châtillon Chaalounois.

Belle épreuve. Rare.

674 — Le grand collège basti à Paris du règne de Henri le Grand, quatrième du nom, roy de France et de Navarre.

Belle épreuve.

675 — *Chereau (A Paris chez).* Vues d'optique sur Paris. Dix-sept pièces coloriées.

676 — **Coquart** (A.). — Plan de Paris du traité de la police. Suite de huit feuilles.

Très belles épreuves en bel état de conservation, plus un plan de Paris, publié chez Daumont.

677 — **Divers.** — Barrière des rats, — coupe et élévation du théâtre Feydeau, — vue d'une partie du portail et du dedans de l'Église tenant au cœur des dames religieuses du Port-Royal, — Plans et vues de Versailles, — Colonnade du Louvre, etc. Sept pièces par Swilde, Blondel, A. Lepautre, etc.

678 — Façade du Château-d'eau, — Le pont Notre-Dame réparé et enrichi de nouveaux ornements, réduit en perspective, — Pont de la Cité, — Vue et perspective de l'hostel royal des Invalides, — Vue de la maison de M. le Président de Bretonviller dans l'Isle Notre-Dame, — la Char-

treuse de Paris, — Vue du grand portail et de l'église du Val-de-Grâce, — La place de Louis XV à Paris, etc. Quinze pièces par Daumont, Goyrand, Silvestre, Blondel, Garbizza. Marot, etc.

Belles épreuves.

679 — Fontaine élevée sur la place des Invalides, — Vue de l'hôpital Saint-Louis à Paris, sous Louis XIII, — Vue générale de Paris, — le Palais-Royal, — les Tuileries, etc. Huit pièces dont trois en couleur.

680 — **Frosne.** (L.). — Vue de l'Hostel de Ville de Paris, dans une bordure sur laquelle sont posées les armoiries des Échevins de la ville de Paris.

Belle épreuve. Marge.

681 — **Gaitte.** — Barrières, églises et maisons de Paris. Trente-huit petits sujets de formes rondes, imprimés sur cinq feuilles.

Belles épreuves.

682 — **Garbizza.** — Vues de Paris, — Vue prise du Pont-Neuf, représentant le Pont-des-arts, — Vue de la Colonnade du Louvre. Deux pièces gravées par Monsaldi.

Belles épreuves.

683 — **Janinet.** (F.). — Première vue de Paris, prise du Pont-Royal; gravé en couleur d'après de Machy. In-fol. en largeur.

Superbe et très rare épreuve avant toutes lettres et avant les armes.

684 — La même estampe.

Superbe épreuve avant toutes lettres, avec les armes.

685 — Vues de la Sorbonne, — de la place des Victoires, — de la place Vendôme, — de l'Hôtel des Monnaies, — de l'Hôtel Royal des Invalides, de l'extérieur des Capucins, etc. Dix pièces d'après Durand, dont sept imprimées en couleur.

Très belles épreuves. Rares.

686 — **Janinet et autres**. — Vues des principaux monuments de Paris, Trente-huit pièces en couleur de forme ronde, publiées chez Esnaut et Rapilly et chez les Campions.

Très belles épreuves.

687 — **Lantara**. — Douzième cahier de Paysages, dessinés d'après nature, par Lantara, gravés à la sanguine par Denis. Suite de douze pièces, vues de Paris et des environs, imprimées sur quatre feuilles.

Très belles épreuves, grandes marges. Rares.

688 — Vues de l'Enfant Jésus, séminaire de l'Oratoire, — de la Barrière de Gentilly, près Paris, — de la Barrière du Petit Cour, — de l'Isle Louvier, — de Saint-Étienne, du côté de la porte Saint-Bernard, — Vue d'un Pavillon de l'arsenal du côté de l'eau ; suite de six pièces gravées sous la direction de Le Bas.

Très belles épreuves avec marges.

689 — **Lespinasse** (d'après le chevalier de). — Vue intérieure de Paris, représentant le port Saint-Paul, prise du quai des Ormes vis-à-vis l'ancien bureau des Coches d'eau, — Vue intérieure de Paris, représentant le port au blé depuis l'extrémité de l'ancien Marché aux Veaux jusqu'au pont Notre-Dame. Deux pièces faisant pendant, gravées par Berthault.

Très belles épreuves.

690 — Vue du jardin, Galeries et Palais Égalité, gravé par Varin.

Belle épreuve.

691 — Vue du Palais-Royal, des galeries et du jardin ; gravé par les frères Varin.

Très belles épreuves.

692 — Vue du jardin du Palais-Royal, de ses bâtiments et galleries ; gravé par le Cœur.

Belle épreuve.

693 — Plan perspective de l'École royale militaire, gravé par Née et Masquelier, en 1778.

Belle épreuve.

694 — **Lespinasse** (le chevalier de), **Lallemand, Meunier**, etc. (d'après). — Vues de la Salpêtrière, — du Pont-Neuf, — et du Palais-Bourbon. Trois pièces par divers graveurs, tirées de la description de la France, par De Laborde, ainsi que les pièces indiquées aux six numéros suivants.

Superbes épreuves à l'état d'eau-forte. Marges.

695 — Vues du château de Chantilly, — de Saint-Cyr, — de la plaine Saint-Denis, etc. Cinq pièces.

Très rares épreuves à l'état d'eau-forte. Grandes marges; une est double, terminée avant la lettre.

696 — Vues de la Plaine Saint-Denis, — de Saint-Cyr, — Château de Beaufremont, — du Moulin-Joly. Cinq pièces par divers graveurs.

Très rares épreuves à l'état d'eau-forte; une est double, terminée avant la lettre.

697 — Vues du Pont de la Tournelle, — du Pont-Neuf, — du Palais-Bourbon, — place de la Concorde, — vue générale du Palais-Royal, — La Poudrière, — la Salpêtrière, — et Passy. Neuf pièces.

Superbes et très rares épreuves avant la lettre. Toutes marges.

698 — Vues de Versailles. Trois pièces différentes.

Très belles épreuves avant toutes lettres. Toutes marges.

699 — Le Luxembourg, — Saint-Sulpice, — Fontaine de Grenelle, — Intérieur de l'hôtel de la Monnaie, — vue extérieure de la Monnaie, — le Palais National, — le jardin des Plantes, — l'Arsenal, — Façade des Feuillans, — Jouy, etc. etc. Quatorze pièces.

Superbes et rares épreuves avant la lettre, avec marges, plusieurs sont à l'état d'eau-forte.

700 — Vues de Chaillot, — du château de Bièvres, — de Trianon, etc. Cinq pièces.

Très belles épreuves, dont deux avant la lettre.

701 — Vues de Paris et de France, tirées de la description de la France par de Laborde, seize pièces.

Très belles épreuves en grande partie avant la lettre et à l'eau-forte.

702 — **Martinet.** — Petites vues de Paris. Sept pièces.

Belles épreuves.

703 — **Meryan** (M.). — Églises et hôtels de Paris. Dix pièces.

704 — **Milcent.** — Vue de Paris, dessinée de la grande terrasse du château de Meudon.

Belle épreuve.

705 — **Ozanne** (d'après). Vues des ports de France. Dix-huit pièces.

Belles épreuves.

706 — **Perelle.** — Vues de Paris. Vingt-cinq pièces dont huit avant la lettre.

Superbes épreuves.

707 — Vues de Paris et de Versailles. Quatorze pièces dont plusieurs avant la lettre.

Très belles épreuves.

708 — **Poyet** (d'après). — Vue perspective de la place Louis XV et des quatre colonnades, dans l'une desquelles une compagnie offre au gouvernement de construire à ses frais risques et périls, la salle de l'Opéra, et les trois autres bâtiments correspondants, sur les dessins du sieur Poyet architecte du Roi et de la ville, etc.

Belle épreuve.

709 — **Raguenet** (d'après). — Vue de l'Hôtel de Ville de Paris par l'hôtel des Ursins; gravé par Legrand.

Très belle épreuve.

710 — **Rigaud.** (J.). — Vues des châteaux de Fontainebleau, Meudon et Saint-Cloud. Huit pièces.

Belles épreuves.

711 — **Schmid** (d'après). — Panorama de Paris et de ses environs, près de la Butte Montmartre, grande pièce en quatre feuilles gravée en couleur par Hürliman.

712 — **Silvestre** (Israël). — Perspective de la ville de Paris, vue du pont des Tuileries.

Belle épreuve.

713 — Vues du jardin de M. Renard aux Tuileries, — de l'église des Bernardins à Paris, — de la maison et jardin de M. le grand prieur du Temple, — du quay des Augustins et du pont Saint-Michel, — l'hôtel de Vendosme, —Maison abbatiale de Saint-Germain-des-Prés-lez-Paris, — Vue de la cour et de la galerie Dauphine du Palais à Paris, — La statue de Henri IV et de l'Isle du Palais. Huit pièces.

Très belles épreuves.

714 — Perspective de l'église Notre-Dame vue de la place de Grève, — Vue et perspective du dedans du Louvre, — Vue et perspective de l'hostel de Chevreuse du côté du jardin, etc. Quatre pièces.

Très belles épreuves.

715 — Vues de l'église du Temple à Paris, — de l'église Sainte-Élizabeth, près le Temple, à Paris, — de l'église Saint-Denis de la Chastre, — de l'église de la Mercy devant l'hostel de Guise, — de l'église Saint-Sauveur, rue Saint-Denis, — Vue de la fontaine Saint-Innocent à Paris, — Église des Quinze-Vingts, — Vue de Rambouillet proche la Porte Saint-Antoine, — Vue de l'Isle Notre-Dame, — Vue d'une porte de la ville de Saint-Denis du costé de Paris, — Vue de Nostre-Dame de Melun, sur la rivière de Seine, etc. Vingt pièces.

Très belles épreuves. Rares.

716 — Vues des Tuilleries, — l'hostel de Beauvais, — le Louvre, — Chasteau de Madrid, — Ruel, — l'hostel de Chevreuse, — le grand couvent des Augustins, etc. Quatorze pièces.

Belles épreuves.

717 — Vues du château et des jardins de Ruel. Sept pièces.

Très belles épreuves.

718 — Vues des châteaux et jardins de Saint-Cloud, — Escouen, — Meudon, et Chaillot. Neuf pièces.

Très belles épreuves.

719 — Vues du château de Saint-Germain-en-Laye, — du château de Fontainebleau, du côté de l'étang, — du château de Gaillon, en Normandie, — du château de Moulins en Bourbonnais, — Vue de la sépulture des Valois, à Saint-Denis, — Vue du fort de Meulant sur la rivière de Seine, etc. Sept pièces.

Très belles épreuves.

720 — Vues des châteaux et jardins de : Verneuil, — Liencourt, — Fremont, — Chilly, Saint-Cloud, — Grosbois, — et château du Verger. Huit pièces.

Très belles épreuves.

721 — **Troll.** — Différentes vues du Jardin et Palais des Tuilleries. Suite de huit pièces in-fol. en hauteur.

Très belles épreuves avec marges. Les deux premières ont de légères déchirures.

722 — **Varin frères.** — Perspective du Palais de justice élevé sous le règne de Louis XVI, côté de la cour du May, d'après Desmaisons.

Belle épreuve.

723 — **Vander Meulen** (d'après) — Marche du Roy, accompagé de ses gardes passant sur le Pont-Neuf et allant au Palais, grande pièce en trois planches, gravée par Huchtenburgh.

Belle épreuve.

WATTEAU (D'après L.)

724 — La quatorzième expérience aérostatique de M. Blanchard, accompagné du chevalier Lépinard, faite à Lille. le 26 août 1785, — Entrée de M. Blanchard et du chevalier Lépinard, cinq jours après leur ascension aérostatique dans la ville de Lille, le 26 Août 1785. Deux pièces faisant pendant, gravées par Helmann.

Très belles épreuves avant la dédicace.

WATTEAU (D'après L.)

725 — Confédération des départements du Nord, de la Somme et du Pas-de-Calais, faite à Lille, le 14 juillet; gravé par Helmann.

Très belle épreuve.

WEBERT (A Paris chez)

726 — Chute prochaine de la fille à Target, pièce curieuse imprimée en bistre.

Belle épreuve. Marge.

WELLS (J.)

727 — Prise de la Bastille, le 14 juillet 1789; grande pièce en largeur, coloriée, publiée en Angleterre.

Très belle épreuve. Marge.

LIVRES

728 — La *Caricature*, journal, fondé et dirigé par Ch. Philipon, cette collection se compose de deux cent cinquante et un numéros, du 4 novembre 1830 au 27 août 1835. Complet relié en cinq volumes in-fol, cartonnés. Rare.

729 — Le *Charivari*, journal amusant, le nombre de numéros sera indiqué à la vente.

Paris. — Imprimerie Pillet et Dumoulin, 5, rue des Grands-Augustins.

www.ingramcontent.com/pod-product-compliance
Ingram Content Group UK Ltd.
Pitfield, Milton Keynes, MK11 3LW, UK
UKHW020935180726
13838UKWH00002B/959